Rocas, gemas y minerales

Lo que necesita saber sobre cristales, piedras preciosas, ágatas y otras rocas

© Copyright 2024

Todos los derechos reservados. Ninguna parte de este libro puede ser reproducida de ninguna forma sin el permiso escrito del autor. Los revisores pueden citar breves pasajes en las reseñas.

Descargo de responsabilidad: Ninguna parte de esta publicación puede ser reproducida o transmitida de ninguna forma o por ningún medio, mecánico o electrónico, incluyendo fotocopias o grabaciones, o por ningún sistema de almacenamiento y recuperación de información, o transmitida por correo electrónico sin permiso escrito del editor.

Si bien se ha hecho todo lo posible por verificar la información proporcionada en esta publicación, ni el autor ni el editor asumen responsabilidad alguna por los errores, omisiones o interpretaciones contrarias al tema aquí tratado.

Este libro es solo para fines de entretenimiento. Las opiniones expresadas son únicamente las del autor y no deben tomarse como instrucciones u órdenes de expertos. El lector es responsable de sus propias acciones.

La adhesión a todas las leyes y regulaciones aplicables, incluyendo las leyes internacionales, federales, estatales y locales que rigen la concesión de licencias profesionales, las prácticas comerciales, la publicidad y todos los demás aspectos de la realización de negocios en los EE. UU., Canadá, Reino Unido o cualquier otra jurisdicción es responsabilidad exclusiva del comprador o del lector.

Ni el autor ni el editor asumen responsabilidad alguna en nombre del comprador o lector de estos materiales. Cualquier desaire percibido de cualquier individuo u organización es puramente involuntario.

Su regalo gratuito

¡Gracias por descargar este libro! Si desea aprender más acerca de varios temas de espiritualidad, entonces únase a la comunidad de Mari Silva y obtenga el MP3 de meditación guiada para despertar su tercer ojo. Este MP3 de meditación guiada está diseñado para abrir y fortalecer el tercer ojo para que pueda experimentar un estado superior de conciencia.

https://livetolearn.lpages.co/mari-silva-third-eye-meditation-mp3-spanish/

¡O escanee el código QR!

Índice de contenidos

INTRODUCCIÓN 1
CAPÍTULO 1: CONCEPTOS BÁSICOS SOBRE ROCAS, GEMAS, CRISTALES Y MINERALES 3
CAPÍTULO 2: ROCAS ÍGNEAS 14
CAPÍTULO 3: ROCAS SEDIMENTARIAS 26
CAPÍTULO 4: ROCAS METAMÓRFICAS 42
CAPÍTULO 5: MINERALES Y SISTEMAS DE CRISTALES 56
CAPÍTULO 6: EL CUARZO 66
CAPÍTULO 7: CALCEDONIAS Y ÁGATAS 81
CAPÍTULO 8: PIEDRAS PRECIOSAS 91
CAPÍTULO 9: GEMAS SEMIPRECIOSAS 100
CAPÍTULO 10: METEORITOS Y TECTITAS 109
APÉNDICE: A-Z DE ROCAS, CRISTALES, GEMAS Y MINERALES ...116
CONCLUSIÓN 118
VEA MÁS LIBROS ESCRITOS POR MARI SILVA 120
SU REGALO GRATUITO 121
REFERENCIAS 122

Introducción

¿Le apasionan las rocas y las gemas? ¿Quiere crear una colección o convertir su interés en un negocio? Esta guía abarca todos estos temas y muchos más.

Las rocas, las gemas y los minerales pueden parecer objetos mundanos para algunos, pero contienen una gran cantidad de conocimientos sobre nuestro planeta. Si observamos de cerca estas maravillas terrestres, descubriremos hechos increíbles. Por ejemplo, muchos tipos de piedras preciosas se forman bajo presiones y temperaturas extremas, tan intensas que nuestros cuerpos no podrían sobrevivir a ellas. Existen en una vertiginosa variedad de colores y formas, cada una con composición única. Descubrir más cosas sobre las rocas, las gemas y los minerales puede ser una apasionante ventana al mundo natural que nos rodea. ¡Es una oportunidad de exploración que sin duda le encantará!

Las rocas tienen el poder de transportarnos a través del tiempo, hasta millones de años atrás. Aunque sean inanimadas, cuentan historias que abarcan múltiples épocas. Estas historias geológicas pueden ayudarnos a comprender mejor la historia de nuestro planeta y sus condiciones actuales. En el otro extremo del espectro geológico se encuentran las gemas y los minerales. Mientras que las gemas son apreciadas por su hermoso brillo (y lo que se considera una belleza poco común), los minerales son más valorados por su uso práctico en proyectos de construcción. Desde muros hasta carreteras, los minerales constituyen los elementos básicos que permiten la existencia de estructuras más grandes. Es increíble cómo una simple roca puede contar una historia que abarca milenios, ofrece una belleza incondicional y, al mismo tiempo, puede utilizarse en obras de ingeniería cruciales.

Conocer estas maravillas de la naturaleza nos ayuda a conectar con los orígenes de la Tierra y a apreciarlas en nuestra vida cotidiana. Esta guía explorará cada tipo de roca y mineral, enseñándole sus características individuales y ayudándole a identificarlos. Esta guía le mostrará cómo utilizarlos de diversas formas, desde la creación de joyas hasta la recolección de especímenes. Desde menas hasta cristales, esta guía le proporcionará los conocimientos esenciales que necesita para sacar el máximo partido a sus rocas y gemas.

Esta completa guía le llevará de viaje por el fascinante mundo de las rocas, las gemas y los minerales. Al final, dispondrá de las herramientas necesarias para convertirse en un experto en rocas y minerales como nunca. Su diseño sencillo y fácil de entender lo convierte en un gran recurso tanto para los aficionados principiantes como para los experimentados. ¡Siga leyendo y descubra lo que estos fantásticos objetos pueden enseñarle!

Capítulo 1: Conceptos básicos sobre rocas, gemas, cristales y minerales

¿Sabe de qué se compone la corteza terrestre? Cuando observamos un paisaje o los escalones que nos conducen a la puerta de casa, vemos rocas. Cuando admiramos un diamante o un ópalo, vemos piedras preciosas. Y cuando sostenemos un cristal de cuarzo rosa o un trozo de pirita, vemos minerales. Las rocas, las gemas y los minerales tienen características que los diferencian.

Este capítulo explora las definiciones científicas de rocas, gemas y minerales. Se hablará de cómo se forman y se descubrirán los distintos tipos de cada uno de ellos. ¡También se comparten algunos datos curiosos sobre ellos que quizá no haya oído nunca!

Rocas

Las rocas son objetos geológicos fascinantes que nos ayudan a comprender nuestro entorno. Las hay de todas las formas y tamaños, desde piedrecitas diminutas hasta rocas gigantescas, y cada una de ellas ofrece una mejor visión del mundo de la ciencia. Las rocas se componen de minerales o trozos de rocas ya existentes y se crean de forma natural mediante procesos geológicos. Las rocas se forman cuando los sedimentos son comprimidos y calentados por fuerzas tectónicas, lo que les permite adoptar características específicas en función de su entorno.

Las rocas desempeñan un papel fundamental en la comprensión del universo que nos rodea.

El estudio de las rocas nos permite conocer muchos misterios de nuestro planeta y cómo se formó a lo largo de los siglos

https://unsplash.com/photos/66BgmIglPhM

Formaciones rocosas

Nada mejor que una gran aventura al aire libre para apreciar la increíble belleza de las formaciones rocosas. No sólo hipnotizan por su tamaño, sino que muchas zonas tienen diferentes tipos de formaciones rocosas que ostentan deslumbrantes colores, procedentes de minerales triturados e incluso fósiles de otras formas de vida. Explorar esos pequeños detalles puede ser especialmente gratificante cuando se combina con espectaculares vistas compuestas por antiguas montañas erosionadas a lo largo del tiempo. La sobrecogedora grandeza de algunas formaciones rocosas poco comunes puede convertirse en una experiencia inolvidable.

Tipos de rocas

Desde el Gran Cañón hasta el Everest, pasando por las carreteras por las que conducimos, las rocas son los cimientos de la Tierra. La corteza terrestre está formada por millones de tipos diferentes de rocas, pero ¿sabía que sólo hay tres tipos? Estos tres tipos tienen características específicas y se forman mediante procesos diferentes.

1. Rocas ígneas

Las rocas ígneas son las más comunes de la superficie terrestre. Estas rocas se forman cuando el material rocoso fundido, el magma, se enfría y solidifica. Dependiendo de dónde se formen, las rocas ígneas pueden clasificarse como extrusivas o intrusivas.

Cuando el magma se enfría y endurece gradualmente *bajo la superficie terrestre*, se crean rocas ígneas intrusivas. En cambio, las rocas ígneas extrusivas se forman *en la superficie terrestre* cuando el magma se solidifica y enfría rápidamente. Algunos ejemplos de rocas ígneas son el basalto, el granito y la piedra pómez.

2. Rocas sedimentarias

Las rocas sedimentarias se forman cuando la meteorización y la erosión descomponen las rocas en pequeños fragmentos que son transportados a un nuevo lugar por el agua o el viento. Estos trozos (denominados sedimentos), se depositan y compactan en el nuevo lugar. La roca sedimentaria es el producto final. Las rocas sedimentarias clásticas, químicas y orgánicas pueden dividirse a su vez en categorías. La acumulación de granos y trozos de roca da lugar a las rocas clásticas. El esquisto y la arenisca son dos ejemplos. Las rocas químicas se forman por la precipitación de minerales a partir del agua. Un ejemplo es la caliza. Las rocas orgánicas, como el carbón y los fósiles, están compuestas por restos de plantas y animales.

3. Rocas metamórficas

Las rocas metamórficas se forman cuando las rocas existentes se transforman por efecto de un calor y una presión inmensos. Suelen encontrarse en procesos de formación de montañas, donde las placas tectónicas chocan y generan altas temperaturas y presiones. Las rocas metamórficas foliadas y no foliadas pueden distinguirse en función de la roca de origen. Debido a la disposición de los minerales bajo una intensa presión, las rocas metamórficas foliadas aparecen en capas o bandas. La pizarra y el gneis son dos ejemplos. La superficie de las rocas metamórficas no foliadas es uniforme y rugosa. La cuarcita y el mármol son dos ejemplos.

Todas las rocas de la Tierra se clasifican en ígneas, sedimentarias o metamórficas. El tipo de roca y sus características revelan información valiosa sobre su historia y los procesos que ocurrieron para crearla. Comprender las propiedades de cada tipo de roca es esencial en geología, minería y conservación del medio ambiente. Así que, la próxima vez que se encuentre con rocas paseando, recuerde que estas pequeñas entidades son algo más que simples guijarros. Son una pieza fundamental de la historia de la Tierra.

Curiosidades sobre las rocas

Las rocas son uno de los temas más fascinantes que todo el mundo puede apreciar. Aunque no parezcan gran cosa, poseen una serie de datos interesantes que la gente puede desconocer. Desde las piedras preciosas hasta la grava común, las rocas desempeñan un papel esencial en nuestra vida cotidiana. He aquí algunos datos interesantes sobre las rocas que seguramente despertarán su curiosidad.

- La Luna está formada por rocas llamadas rocas lunares, y los científicos llevan estudiándolas desde 1969, cuando el Apolo 11 aterrizó en la Luna.
- ¿Sabía que la roca más grande del mundo está en Australia? Se llama Uluru, también conocida como Ayers Rock. Esta roca de arenisca mide casi 348 metros de altura y 9,4 kilómetros de circunferencia.
- ¿Sabía que algunas rocas pueden flotar? La piedra pómez es un tipo de roca volcánica llena de burbujas de gas. Esta estructura única la hace lo suficientemente ligera como para flotar en el agua.
- ¿Sabía lo antiguas que pueden ser las rocas? Algunas rocas, como el granito, pueden tener hasta 3.000 millones de años. Algunas de las rocas que ve en su jardín podrían haberse formado en los primeros días de la historia de la Tierra.
- ¿Sabía que existe un tipo especial de roca llamada tectita? Las tectitas se forman cuando los meteoritos impactan contra la superficie de la Tierra y funden las rocas que la rodean. Estas rocas fundidas son expulsadas a la atmósfera y acaban cayendo a la Tierra en forma de tectitas.
- Las rocas encierran una valiosa historia del pasado de la Tierra, y el estudio de su composición puede proporcionar pistas esenciales sobre actividades geológicas pasadas. Es como una cápsula del tiempo con secretos sobre el medio ambiente, las condiciones y los organismos que habitaron la Tierra.

Gemas

Al ser humano siempre le han fascinado los objetos brillantes y raros que pueden lucirse como joyas. Y no hay objeto más precioso que una piedra preciosa. Las gemas son algo más que simples objetos de belleza. Son minerales que se forman en las profundidades de la Tierra y tardan millones de años en desarrollarse. Los misterios de su viaje desde la corteza terrestre hasta nuestros joyeros son encantadores. Profundicemos en el mundo de las piedras preciosas para satisfacer su curiosidad.

Definición

En su forma más simple, las gemas son rocas valoradas por su rareza, belleza y durabilidad. Se forman en las profundidades del manto terrestre, bajo una presión y un calor extremos. Las actividades geológicas, como las erupciones volcánicas y los terremotos, hacen que las gemas salgan a la superficie terrestre, donde son descubiertas por el hombre. Aunque los diamantes son la piedra preciosa más codiciada, existen muchas otras gemas preciosas y semipreciosas, como rubíes, esmeraldas, zafiros, topacios, etc.

Cómo se forman

Las gemas pueden formarse de varias maneras, dependiendo de los minerales sometidos a calor e intensa presión bajo el manto terrestre. Por ejemplo, los diamantes se forman cuando el carbono se somete a una presión y temperatura extremas, lo que suele ocurrir en las profundidades de la Tierra, hasta 150 o 200 km de profundidad. Alternativamente, algunas gemas también pueden formarse a través de procesos geológicos como la actividad volcánica, la erosión o la minería. Estos procesos pueden durar millones de años, por lo que las gemas se consideran raras y valiosas.

Fijar el valor

Aparte de su formación, la belleza de las piedras preciosas también depende de su color, talla y claridad. Al formarse a alta presión, los distintos minerales provocan variaciones de color, lo que se conoce como "croma". Algunas gemas requieren un tratamiento especializado para realzar su color natural y transparencia, mientras que otras pueden utilizarse en bruto. La talla de una gema se refiere a las proporciones y simetría de las facetas o superficies planas. Mediante el tallado, las gemas adquieren diferentes formas, como redonda, ovalada o princesa, multiplicando a su vez su valor.

Las piedras preciosas son fáciles de comprar y su valor depende en gran medida de las "cuatro C": quilate, talla, color y claridad. El quilate se refiere al peso de la piedra, mientras que el color es un aspecto importante de las gemas de mayor precio. La claridad es la ausencia de inclusiones, las imperfecciones naturales, y la talla se refiere al número, la posición y los ángulos de las facetas.

Tipos de gemas

Las gemas siempre han tenido tanto encanto como el misterio de su origen. Han servido a la humanidad como signo de lujo y prosperidad desde tiempos inmemoriales. Veamos en profundidad los distintos tipos de piedras preciosas:

1. Piedras preciosas

El término "precioso" indica escasez, alta calidad y coste. Las cuatro piedras preciosas son los diamantes, los rubíes, las esmeraldas y los zafiros. El diamante es la personificación de todas las piedras preciosas. Es el mineral más duro de la Tierra, tiene un aspecto impresionante en su forma incolora y su brillo aumenta si se colorea. El rubí es la emblemática piedra roja que significa amor, valor y protección. La esmeralda es una gema verde que simboliza la belleza, la elegancia y el renacimiento. El zafiro es una gema azul que representa la sinceridad, la lealtad y la paz. Las piedras preciosas se han utilizado en joyas reales y anillos de compromiso durante siglos debido a su rareza y durabilidad.

2. Piedras semipreciosas

El término "semipreciosas" indica abundancia, menor coste y menor dureza. Las piedras semipreciosas abarcan una amplia gama de especímenes minerales. Algunos ejemplos populares son la amatista, el granate, el peridoto, el topacio y la turquesa. La amatista es una gema púrpura que representa la sabiduría, la paz y la intuición. El granate es una gema roja que simboliza la protección, la fuerza y la confianza. El peridoto es una gema verde que significa curación, equilibrio y crecimiento. El topacio es una gema amarilla que representa la buena fortuna, el éxito y la creatividad. La turquesa es una gema azul verdosa que simboliza la amistad, la comunicación y la protección. Las piedras semipreciosas son una opción asequible para la joyería diaria y ofrecen una variada selección de colores y diseños.

Principales diferencias

Las principales diferencias entre piedras preciosas y semipreciosas son su coste, dureza, rareza y simbolismo. Las piedras preciosas son más caras que las semipreciosas debido a su escasez, calidad y origen. Las piedras semipreciosas son más baratas, pero siguen ofreciendo una vibrante gama de colores y formas. Las piedras preciosas tienen una puntuación más alta en la escala de dureza de Mohs, es decir, que son más resistentes a arañazos y daños. Las piedras semipreciosas son más blandas y requieren más precauciones para mantener su brillo con el paso del tiempo. Las piedras preciosas son más raras y tienen un significado más importante en el mundo de la joyería por su tradición y valor. Las piedras semipreciosas tienen una mayor diversidad cultural y ofrecen una gama más amplia de posibles símbolos y propósitos.

Curiosidades sobre las gemas

No se puede negar que las gemas son algo más que joyas. Son tesoros naturales con historias extraordinarias que contar. Desde su formación hasta su viaje a nuestros joyeros, las piedras preciosas tienen un recorrido asombroso que las hace extremadamente valiosas. He aquí algunos datos interesantes sobre las piedras preciosas:

- ¿Sabía que en la Tierra existen más de 4.000 especies minerales diferentes?
- El ópalo es la única piedra preciosa que muestra simultáneamente todos los colores del arco iris.
- Se calcula que el diamante más antiguo del mundo tiene 3.200 millones de años.
- Los rubíes son una de las pocas gemas que pueden encontrarse del mismo color que tenían cuando se extrajeron por primera vez.
- Las esmeraldas son las piedras preciosas más raras, ¡y algunas pueden costar cientos de miles de dólares!
- A las amatistas se les atribuyen cualidades curativas y espirituales.

La rareza, belleza y durabilidad de las gemas las convierten en un símbolo perfecto de amor y amistad y en una colección ideal para pasar a la siguiente generación. No subestime el encanto de las piedras preciosas y su capacidad para transformar su atuendo y su estado de ánimo. Como dice el refrán, "los diamantes son para siempre", al igual que la belleza perdurable de todas las demás gemas. Así que elija la gema que más le guste y consérvela para toda la vida.

Minerales

En cuanto a recursos naturales, los minerales siempre han sido un fascinante objeto de estudio. Venerados por su belleza, su valor y sus aplicaciones industriales, los minerales se encuentran en todos los continentes y en todos los océanos. En esta sección nos adentraremos en el mundo de los minerales, definiendo qué son, sus propiedades y cómo se forman. Tanto si es coleccionista, estudiante o simplemente siente curiosidad por el tema, esta información enriquecerá su comprensión de la belleza y complejidad de los minerales.

Los minerales se encuentran de forma natural en nuestro mundo y tienen una estructura cristalina con una composición química definida. Una sustancia debe formarse de forma natural sin intervención humana y tener una estructura cristalina única para ser considerada un mineral. Algunos de los minerales más comunes son el cuarzo, el feldespato, la calcita y el olivino. Cada mineral es único y puede distinguirse por su estructura, color, dureza y otros factores.

Propiedades de los minerales

Los minerales tienen una serie de propiedades físicas que los distinguen unos de otros. Entre ellas se encuentran el brillo, el clivaje y la dureza.

- **Brillo:** forma en que los minerales reflejan la luz.
- **Dureza:** resistencia de un mineral al rayado.
- **Clivaje:** la forma en que un mineral se divide a lo largo de planos limpios.

Estas propiedades pueden utilizarse para identificar un mineral, junto con su color y otras características. Algunos minerales, como los diamantes, son conocidos por su extrema dureza, mientras que otros, como el azufre, son apreciados por sus vivos colores.

Formaciones minerales

Los minerales se forman de diversas maneras, a menudo por el lento enfriamiento y cristalización del magma o del depósito mineral que queda de las masas de agua en evaporación. En algunos casos, los minerales crecen durante largos periodos en cavidades rocosas, formando estructuras cristalinas únicas e intrincadas. Otros minerales, como el oro y la plata, se forman en las profundidades de la Tierra y se extraen por su valor. Algunos minerales pueden formarse incluso a través de procesos biológicos, como la formación de conchas y huesos. Comprender las distintas formas en que se forman los minerales puede ayudarnos a entender la historia y la geología de la Tierra.

Tipos de minerales

Los geólogos clasifican los minerales como compuestos inorgánicos naturales con una composición química y una estructura cristalina particulares. Estas rocas y minerales son vitales en diversas facetas de nuestra vida cotidiana, como la tecnología, la agricultura, la construcción y la medicina. Veamos más de cerca los distintos tipos de minerales y sus usos y descubramos su papel en nuestras actividades cotidianas.

1. Elementos autóctonos

Los elementos nativos son minerales compuestos por un solo elemento. Son relativamente raros, pero algunos de ellos, como el oro (Au), el cobre (Cu) y la plata (Ag), son muy codiciados por su belleza y valor. El oro, por ejemplo, se ha utilizado durante milenios como moneda, joyería e incluso empastes dentales. Por otro lado, el cobre es fundamental para conducir la electricidad y se utiliza en diversos dispositivos electrónicos como smartphones y ordenadores portátiles.

2. Silicatos

El mayor grupo de minerales son los silicatos, que constituyen casi el 90% de la corteza terrestre. Este grupo incluye el feldespato, la mica, el cuarzo y la arcilla. Los silicatos son útiles en la producción de cerámica, materiales de construcción y componentes electrónicos. Por ejemplo, el cuarzo es un componente esencial de relojes y componentes electrónicos. El equilibrio adecuado del cuarzo garantiza que mantengan la hora exacta.

3. Óxidos e hidróxidos

Los óxidos y los hidróxidos contienen átomos de oxígeno e hidrógeno, pero diferente número de cationes. La hematites es uno de los óxidos más comunes y se utiliza en pigmentos, joyería y en la producción de hierro. La bauxita, otro óxido, se utiliza en la producción de aluminio. Los hidróxidos, por su parte, son componentes importantes de la química del suelo y se utilizan en las plantas de tratamiento de aguas residuales.

4. Sulfatos y carbonatos

Los sulfatos y los carbonatos son minerales que desempeñan un papel importante en la construcción, la agricultura y la medicina. Los sulfatos son componentes del yeso y se utilizan en la producción de paneles de yeso, cemento y fertilizantes. Los carbonatos incluyen minerales como la calcita, la dolomita y el aragonito, componentes esenciales de la piedra caliza y el mármol. Se utilizan en la producción de cemento y otros materiales de construcción.

5. Haluros

Los haluros son minerales que contienen átomos halógenos, como cloro, flúor, bromo o yodo. La fluorita, por ejemplo, se utiliza para producir ácido fluorhídrico, que se emplea en la industria de los semiconductores. Los haluros también se utilizan como sal en diversos productos alimenticios, mientras que el yodo se emplea en la producción de agentes de contraste para rayos X y sal yodada.

Estos cinco grandes grupos de minerales son sólo algunos de los muchos tipos que se encuentran en la corteza terrestre. Las propiedades y características únicas de cada tipo los hacen muy valiosos en diversas industrias y aplicaciones. A medida que avanza la ciencia, seguro que descubrimos más usos para las rocas y los minerales.

Curiosidades sobre los minerales

Aunque parezca que los minerales son solo rocas y piedras, tienen propiedades que los hacen fascinantes. He aquí algunos datos interesantes sobre los minerales:

- El mineral más antiguo que se conoce es el circón, descubierto en rocas de hace más de 4.000 millones de años.
- El diamante es el mineral más duro, con una dureza de 10 en la escala de Mohs.
- Algunos minerales son fluorescentes, lo que significa que brillan cuando se exponen a ciertos tipos de luz.
- La aguamarina, la piedra de nacimiento oficial de marzo, es una variedad azul verdosa del berilo.
- "Mineral" proviene del latín y significa "conducir", en referencia a la idea de que los minerales podían fundirse y moldearse para darles forma.

- Algunos minerales, como el ópalo, contienen agua atrapada en su estructura.
- La calcita es el mineral sedimentario más común y se forma por la precipitación de carbonato cálcico a partir del agua.
- El cristal más grande jamás encontrado fue una selenita gigante que pesaba 55 toneladas y medía ¡11 metros de largo!

Explorar el mundo de los minerales puede ser una experiencia fascinante y enriquecedora. Desde su definición hasta sus propiedades y formaciones únicas, los minerales ofrecen una visión del mundo natural y de la complejidad de la Tierra. Tanto si es un coleccionista apasionado como si simplemente le interesa saber más, comprender el mundo de los minerales puede ayudarnos a apreciar el mundo natural de formas nuevas y apasionantes.

Las rocas, las gemas y los minerales forman parte de la composición de la Tierra y son materiales esenciales para nuestra vida cotidiana. Las rocas son agregados de minerales que se forman cuando éstos se enfrían y solidifican. Las gemas son minerales tallados y pulidos para crear hermosas piezas de joyería. Al conocer los distintos tipos que existen en la naturaleza, podemos apreciar su papel integral en nuestra vida cotidiana. Estas maravillas naturales siguen siendo esenciales para el mundo moderno, desde simples materiales de construcción hasta gemas preciosas.

Capítulo 2: Rocas ígneas

¿Alguna vez le ha sorprendido la belleza natural que le rodea? Desde impresionantes paisajes a intrigantes formaciones rocosas, el mundo natural tiene su manera de dejarnos asombrados. Las rocas ígneas son un aspecto fascinante del mundo natural que contienen valiosa información sobre la historia de la Tierra. Desde el granito, de enfriamiento lento, hasta la obsidiana, de enfriamiento rápido, cada roca ígnea tiene una historia particular que contar. La importancia de las rocas ígneas radica en el lugar que ocupan en la geología.

En este capítulo se estudiará la naturaleza de las rocas ígneas, su proceso de formación y cómo identificarlas. En primer lugar, se examinarán las cuatro categorías de rocas ígneas (félsicas, intermedias, máficas y ultramáficas) y se ofrecerán ejemplos de cada tipo. Por último, se comentarán algunos consejos para identificar estos tipos de rocas en su entorno natural. Al final, las entenderá mejor y comprenderá su importancia en geología.

Introducción a las rocas ígneas

Uno de los espectáculos más sobrecogedores de la naturaleza es la erupción de un volcán. Las erupciones de lava, las explosiones piroclásticas y las llamaradas de roca fundida son un espectáculo digno de contemplar. Pero ¿se ha preguntado alguna vez qué ocurre con todo ese magma una vez que se ha enfriado y endurecido? La respuesta son las rocas ígneas. El mundo de las rocas ígneas es fascinante, desde su formación hasta sus diferentes tipos y características únicas.

¿Qué son las rocas ígneas?

Las rocas ígneas se forman a partir de magma solidificado o lava que se ha enfriado y cristalizado. La palabra ígneo procede del latín *ignis*, que significa fuego. Estas rocas se forman bajo tierra o sobre la superficie terrestre durante la actividad volcánica. Las rocas ígneas se encuentran entre los tipos de rocas más comunes del planeta y pueden hallarse en diversos lugares, desde islas volcánicas a cordilleras e incluso en las profundidades del océano.

¿Cómo se forman las rocas ígneas?

Como ya se ha mencionado, las rocas ígneas se forman por solidificación de material rocoso fundido, ya sea por encima o por debajo de la superficie terrestre. Entre las rocas ígneas intrusivas o plutónicas se encuentra el granito, mientras que un ejemplo de rocas ígneas extrusivas o volcánicas es el basalto. Las erupciones volcánicas también pueden provocar flujos piroclásticos, formando tobas, cenizas y otras rocas ígneas.

Tipos de rocas ígneas

Las rocas ígneas pueden clasificarse en dos grandes categorías: intrusivas y extrusivas. Las rocas ígneas extrusivas tienen una textura de grano fino debido a su rápido enfriamiento y a la ausencia de cristales visibles, como la obsidiana o el basalto. Las rocas ígneas intrusivas se caracterizan por la presencia de cristales visibles en su superficie y tienen una textura de grano grueso, como el granito o la diorita.

Las rocas ígneas también pueden clasificarse en función de su composición mineral. Las rocas máficas (o basálticas) tienen un alto contenido en hierro y magnesio y son de color oscuro. Por otro lado, las rocas félsicas (o graníticas) tienen un alto contenido en silicio y aluminio y suelen ser de color más claro. Las rocas intermedias tienen una composición mineral intermedia entre las rocas máficas y las félsicas. Estas rocas son formaciones naturales fascinantes y de gran belleza. Sus características únicas y su proceso de formación las hacen esenciales para comprender la geología de la Tierra. La próxima vez que se encuentre con un afloramiento rocoso o un paisaje volcánico, podrá identificar el tipo de formación rocosa y apreciar la belleza y la maravilla de las rocas ígneas.

Rocas félsicas

Cuando se trata de comprender la corteza terrestre, las rocas son un componente crucial que nos dice mucho sobre la historia geológica de nuestro planeta. La corteza terrestre está formada por diferentes tipos de rocas, entre ellas las rocas ígneas. Las rocas félsicas son una de estas fascinantes rocas ígneas con composiciones y características muy particulares. El término félsico proviene de dos de sus componentes primarios: feldespato y sílice.

Ejemplos de rocas félsicas

Las rocas félsicas son de color claro y ricas en silicio, aluminio, potasio, calcio, sodio y oxígeno. Algunos de los tipos más comunes de rocas félsicas son el granito, la riolita y la piedra pómez. El granito es una roca de grano grueso y el tipo más frecuente de roca félsica. Por otro lado, la riolita es una roca volcánica de grano fino, rica en silicio, lo que la hace resistente a la intemperie. La piedra pómez es un tipo de roca volcánica que flota en el agua, y se presenta en diferentes formas, incluido el vidrio volcánico con burbujas.

El granito es un ejemplo de roca félsica popular
James St. John, CC BY 2.0 <https://creativecommons.org/licenses/by/2.0 >, via Wikimedia Commons https://commons.wikimedia.org/wiki/File:Granite_26_(49199871943).jpg

Características de las rocas félsicas

Una de las características fundamentales de las rocas félsicas es su composición, que consiste en altos niveles de sílice y óxidos de metales alcalinos como el potasio y el sodio. Estos minerales confieren a las rocas félsicas su color claro y su resistencia a la meteorización. Las rocas félsicas también tienen una viscosidad mayor que las rocas máficas, lo que implica que se resisten a fluir tan rápidamente como éstas. Además, las rocas félsicas suelen tener cristales visibles, lo que les da un aspecto distintivo. Este tipo de roca también se asocia a erupciones volcánicas explosivas.

Consejos para encontrar rocas félsicas

Si busca rocas félsicas, uno de los mejores lugares para empezar es en las cadenas montañosas, sobre todo en regiones con mucha actividad volcánica. Otra forma de encontrar rocas félsicas es buscar rocas expuestas con cristales visibles. El granito, por ejemplo, es un lugar excelente para encontrar rocas félsicas, ya que los cristales visibles pueden apreciarse a simple vista. Por último, puede buscar zonas del paisaje con rocas de distintos colores, en particular las de tonos rojos o rosados.

Usos de las rocas félsicas

Las rocas félsicas, o rocas ígneas ricas en los elementos feldespato y cuarzo, son creaciones fascinantes del mundo natural y tienen muchos usos. Desde tejas hasta aplicaciones en energía geotérmica, estas rocas versátiles han sido una bendición para la humanidad y la industria. Las rocas félsicas también pueden actuar como acuíferos para el almacenamiento de agua, y sus formaciones suelen incluir minerales valiosos como el cuarzo y el oro. Incluso se han utilizado para rellenar los lechos de lagos y océanos para la recuperación de tierras. Las rocas félsicas también pueden verse en algunos de los paisajes más impresionantes de la Tierra. Desde las imponentes nubes de ceniza de los volcanes hasta las resplandecientes coladas de lava que cubren las laderas de las montañas, constituyen una de las obras de arte más bellas de la naturaleza.

Estas rocas son un componente fascinante de la corteza terrestre. Su composición y características las distinguen fácilmente de otros tipos de rocas ígneas. Desde sus ricos colores hasta su composición mineral única, las rocas félsicas son un tema fascinante tanto para los geólogos como para los aficionados a las rocas. Estas rocas se formaron por magma rico en sílice, lo que les confiere una textura y un aspecto característicos. Si se observan con atención, se pueden ver algunos minerales de feldespato o cuarzo incrustados en la roca. Las rocas félsicas son un testimonio de la intrincada y compleja naturaleza de la geología de nuestro planeta, un recordatorio de las fascinantes fuerzas que siguen dando forma a nuestro mundo actual.

Rocas intermedias

¿Le apasiona coleccionar rocas y quiere llevar su afición al siguiente nivel? Las rocas intermedias pueden ser un nuevo y fascinante reto para usted. Estas rocas son más complejas que las básicas, pero menos intensas que las de nivel avanzado. Las rocas intermedias ofrecen una variedad de colores y patrones únicos que le mantendrán ocupado durante horas. En esta sección hablaremos de las características y ejemplos de rocas intermedias y le daremos algunos consejos para encontrarlas.

Ejemplos de rocas intermedias

Las rocas intermedias se clasifican principalmente en función de su composición química. Estas rocas tienen un contenido en sílice que oscila entre el 52% y el 66%. Algunos ejemplos populares de rocas intermedias son la andesita, la diorita y la traquita.

La andesita es un ejemplo de roca intermedia
Smithsonian Institution, CC0, via Wikimedia Commons
https://commons.wikimedia.org/wiki/File:Basaltic_Andesite_from_Paricutin_volcano_in_Mexico_-_Smithsonian_Rock_Sample.jpg

- **Las rocas andesíticas** tienen un tono de color gris medio y suelen identificarse por su estructura de grano fino. A menudo se encuentran depósitos minerales negros, blancos o marrones en las rocas andesíticas.
- **La diorita** es una roca de grano grueso con aspecto de sal y pimienta que procede de la mezcla de minerales oscuros y

claros. En este tipo de roca se encuentran minerales de mica y anfíboles.

- **Las rocas traquíticas** suelen identificarse por su color gris apagado y su estructura de grano fino. Estas rocas se componen de feldespato alcalino, feldespato plagioclasa y pequeñas cantidades de biotita, hornblenda y otros minerales.

Características de las rocas intermedias

Las rocas intermedias se distinguen por sus características únicas. Suelen ser de color gris oscuro o verde claro, con manchas o vetas de minerales negros, blancos o marrones. Los granos de estas rocas no son ni demasiado finos ni demasiado grandes y pueden verse a simple vista. Las rocas intermedias también son más densas que las rocas básicas, lo que las hace más duras y resistentes a la erosión. Estas rocas suelen tener una estructura interna más compleja, con capas y bandas de distintos minerales. La composición mineral determina su fuerza, durabilidad y resistencia. Estas rocas suelen contener una mezcla de minerales de feldespato, cuarzo y mica.

Consejos para encontrar rocas intermedias

Las rocas intermedias pueden encontrarse en diversos lugares. Si busca diorita, busque afloramientos alrededor de granito, rocas volcánicas o zonas de construcción de montañas. Las rocas andesíticas suelen encontrarse en zonas con actividad volcánica reciente o en las áreas de la cuenca del Pacífico. Las rocas traquíticas se encuentran en lugares que en su día fueron fondos marinos, pero que ahora constituyen tierra firme. Busque afloramientos rocosos expuestos con tonos blancos, grises o verde pálido en estas zonas. Cuando busque rocas intermedias, preste atención a los patrones y texturas distintivos que caracterizan a estas rocas. Intente buscar rocas a lo largo de cauces de ríos, arroyos o lechos de lagos secos. También puede buscar rocas que hayan quedado expuestas recientemente en cortes de carreteras u obras de construcción.

Usos de las rocas intermedias

Desde formar los cimientos de carreteras y aceras hasta proporcionar una barrera protectora alrededor de los edificios, las rocas intermedias son esenciales para proyectos residenciales y comerciales. También son claves en la creación de puentes y estructuras a gran escala, posibilitando la construcción de vanos que soportan mucho peso. Impresionante, ¿no cree? Los usos de las rocas intermedias van mucho más allá de estos fines prácticos. Han aparecido en obras de arte arquitectónicas como esculturas y monumentos, añadiendo estabilidad estructural sin comprometer la estética. Desde utilitarias hasta elegantes, ¡las rocas intermedias siempre ofrecen resultados extraordinarios!

Coleccionar rocas puede ser una afición enriquecedora y fascinante. Con las rocas intermedias, puede explorar un área aún más compleja del coleccionismo de rocas, descubrir colores y patrones inusuales y ampliar sus conocimientos sobre estas interesantes rocas.

Rocas máficas

¿Ha oído hablar alguna vez de las rocas máficas? Si no es así, le vamos a descubrir las maravillas de estas increíbles rocas. Las rocas máficas son algunas de las más comunes del mundo y pueden encontrarse prácticamente en todas partes. Puede que no sean tan conocidas como su primo, el granito, pero son igual de importantes. Sumerjámonos en el mundo de las rocas máficas y conozcamos sus ejemplos, características y consejos para encontrarlas.

Ejemplos de rocas máficas

Las rocas máficas también se conocen como rocas basálticas, y una de las más conocidas es el basalto. El basalto es una roca volcánica que suele encontrarse cerca de la superficie de la Tierra. Suele ser de color oscuro con una textura de grano fino, conocida por su durabilidad y resistencia a la intemperie. Otro ejemplo de roca máfica es el gabro, una roca intrusiva que suele encontrarse a mayor profundidad en la corteza terrestre. Suele utilizarse como material de construcción por su resistencia y durabilidad.

El gabro es un ejemplo de roca máfica
James St. John, CC BY 2.0 DEED <https://creativecommons.org/licenses/by/2.0/>https://www.flickr.com/photos/jsjgeology/49943337113

Características de las rocas máficas

Las rocas máficas se caracterizan por sus altos niveles de magnesio y hierro. Tienen una densidad elevada, un color oscuro y un bajo contenido en sílice. Las rocas máficas también son conocidas por su capacidad para conducir el calor y la electricidad, lo que las hace útiles en diversas aplicaciones industriales. Pueden formarse por debajo y por encima de la superficie terrestre y presentan una amplia gama de texturas, desde grano fino a grano grueso.

Consejos para encontrar rocas máficas

Las rocas máficas pueden encontrarse en diversos entornos, como regiones volcánicas, corteza oceánica e incluso algunas cadenas montañosas. Una de las mejores formas de encontrarlas es buscar zonas con actividad volcánica. Las erupciones de lava procedentes de los volcanes suelen estar formadas por rocas máficas como el basalto. Otra forma de encontrar rocas máficas es buscar zonas de lecho rocoso expuesto, especialmente donde se produce erosión. Busque rocas de color oscuro y textura gruesa; suelen ser indicios de rocas máficas.

Usos de las rocas máficas

Las rocas máficas tienen muchos usos, como la construcción, la construcción de carreteras y las aplicaciones industriales. El basalto, por ejemplo, se utiliza a menudo como material de construcción para estructuras residenciales y comerciales. También se emplea en la construcción de carreteras y puentes por su durabilidad y resistencia. El gabro se utiliza en encimeras, suelos, lápidas y marcadores por su resistencia al desgaste. Las rocas máficas también se utilizan en la producción de acero, ya que pueden añadirse al metal fundido para aumentar su resistencia.

Puede que las rocas máficas no tengan la misma popularidad que su primo, el granito, pero son igual de cruciales. Los altos niveles de magnesio y hierro de las rocas máficas las hacen útiles en diversas aplicaciones, desde la construcción hasta los usos industriales. Así que, la próxima vez que se encuentre con una roca oscura y densa, fíjese bien y puede que esté ante una magnífica roca máfica.

Rocas ultramáficas

La naturaleza está llena de sorpresas, y explorar rocas y minerales es una de las mejores formas de descubrir lo que ofrece nuestro planeta. Las rocas ultramáficas son un tipo particular de roca cuyo estudio resulta fascinante por sus características únicas. Si le gusta la geología y siente curiosidad por las rocas ultramáficas, siga leyendo y aprenda todo sobre estas increíbles rocas.

Ejemplos de rocas ultramáficas

Las rocas ultramáficas son un grupo de rocas ígneas y metamórficas compuestas principalmente por minerales con un alto contenido en magnesio y hierro. Algunos ejemplos comunes de rocas ultramáficas son la peridotita, la dunita, la piroxenita y la serpentinita. La peridotita es el tipo más abundante de roca ultramáfica y suele encontrarse en el manto terrestre. La dunita es un tipo de peridotita compuesta casi en su totalidad por olivino. La piroxenita se compone principalmente de minerales de piroxeno como la augita y la enstatita, mientras que la serpentinita se forma por la alteración de rocas ultramáficas bajo la influencia del agua.

La peridotita es un ejemplo de roca ultramáfica

James St. John, CC BY 2.0 <https://creativecommons.org/licenses/by/2.0>, via Wikimedia Commons https://commons.wikimedia.org/wiki/File:Peridotite_mantle_xenoliths_in_vesicular_phonotephrite_(Peridot_Mesa_Flow,_Middle_Pleistocene,_580_ka;_Peridot_Mesa,_San_Carlos_Volcanic_Field,_Arizona)_7_(1499 2925414).jpg

Características de las rocas ultramáficas

Las rocas ultramáficas tienen varias características que las distinguen de otros tipos de rocas. En primer lugar, son ricas en magnesio y hierro, lo que les confiere un característico color entre verde oscuro y negro. También tienen una densidad elevada, lo que las hace más pesadas que la mayoría de los demás tipos de roca. Las rocas ultramáficas también son conocidas por su resistencia a la meteorización, la erosión y la descomposición química, debido a la gran estabilidad de su contenido mineral. Por eso suelen encontrarse en afloramientos expuestos y a veces se utilizan en la construcción como materiales de construcción duraderos.

Consejos para encontrar rocas ultramáficas

Una de las mejores formas de encontrar rocas ultramáficas es buscarlas en zonas con procesos tectónicos geológicamente activos. En concreto, las zonas con afloramientos del manto o zonas de actividad geológica pasada, como los complejos ofiolíticos, pueden ser lugares ideales para encontrar rocas ultramáficas. Estas rocas suelen estar más cerca de la superficie terrestre, a lo largo de fallas y fracturas, por lo que puede ser útil buscar zonas en las que las rocas estén expuestas o sean accesibles. Las rocas ultramáficas son también valiosas fuentes de minerales como la cromita y el níquel, por lo que resultan interesantes para las empresas mineras. Por ello, realizar una excursión minera también puede ofrecer la oportunidad de ver de cerca las rocas ultramáficas.

Usos de las rocas ultramáficas

Las rocas ultramáficas son ricas en materias primas y pueden utilizarse para diversos fines. Constituyen la sección más gruesa del manto terrestre y albergan valiosos yacimientos de hierro, magnesio, cromo, oro y platino. Las rocas ultramáficas son ideales para fabricar artículos de primera necesidad, como teléfonos móviles y televisores, porque contienen minerales de silicato ferromagnesiano con grandes cantidades de magnesio y hierro.

Las rocas ultramáficas son también una excelente fuente de metales refractarios como titanio, wolframio, cromo, molibdeno, cobalto y berilio, que ayudan a proteger equipos sensibles cuando se exponen a temperaturas o condiciones extremas. Además de sus usos industriales, las rocas ultramáficas desempeñan un papel importante en la ciencia medioambiental porque contienen minerales que absorben los contaminantes de las aguas de escorrentía o de los incendios forestales. ¡Son recursos naturales de incalculable valor!

Las rocas ultramáficas son fascinantes maravillas geológicas que merece la pena explorar si le interesa la geología. Gracias a sus características únicas, nos permiten echar un vistazo al funcionamiento interno de nuestro planeta y comprender cómo surgió. Si dedica algún tiempo a estudiarlas y explorarlas, podrá comprender y apreciar mejor el mundo natural que nos rodea.

Identificación de rocas ígneas

Con sus interesantes texturas y vibrantes colores, las rocas ígneas son un verdadero espectáculo para la vista. Desde la sedosa obsidiana hasta el granito granulado, cada roca ígnea es producto de su propio proceso de formación. Aunque la identificación de estas rocas puede parecer desalentadora al principio, una vez que empiece a notar las sutiles diferencias de textura y aspecto, empezará a comprender las fascinantes historias que tienen que revelar. He aquí algunos consejos que le ayudarán a identificar y clasificar las rocas ígneas.

- **Contenido mineral:** Las rocas ígneas están formadas por diferentes minerales, y cada tipo tiene su propia composición mineral. Por ejemplo, las rocas félsicas suelen contener cuarzo, feldespato, mica y otros componentes silicatados. Las rocas máficas, en cambio, contienen más minerales oscuros, como olivino y piroxeno.
- **Textura:** Las rocas ígneas presentan diversas texturas, desde lisas y brillantes hasta gruesas y granulosas. La obsidiana es un ejemplo de roca ígnea lisa y brillante, mientras que el granito tiene una textura gruesa y granulada.
- **Color:** Las rocas ígneas presentan una gran variedad de colores, desde el gris oscuro hasta el amarillo y el rosa. Preste atención al tono general de la roca y a cualquier variación en el color.
- **Estructuras cristalinas visibles:** La mayoría de las rocas ígneas contienen al menos algunas estructuras cristalinas de gran tamaño que pueden verse a simple vista. Observe los patrones o formas de estos cristales para identificar el tipo de roca.

Cuando se trata de identificar rocas ígneas, la práctica hace al maestro. Cuanto más manipule y observe estas rocas, más familiarizado estará con sus propiedades y características únicas. Además, no tema buscar recursos como libros, guías en línea o compañeros entusiastas de las rocas que puedan ayudarle.

Las rocas ígneas se clasifican en extrusivas o volcánicas e intrusivas o plutónicas. Las rocas extrusivas se enfrían rápidamente en la superficie terrestre o cerca de ella, mientras que las rocas intrusivas se enfrían lentamente en las profundidades de la corteza terrestre. Las rocas ígneas también se clasifican en función de su composición mineral y su textura, y pueden ir desde el basalto de grano fino hasta el granito de grano grueso.

En conclusión, las rocas ígneas son una parte esencial de la geología de la Tierra, y comprender sus propiedades y características es crucial en campos como la geología, la minería y la construcción. Aunque este capítulo sólo ha arañado la superficie de lo que sabemos sobre las rocas ígneas, esperamos que haya despertado su interés y curiosidad por el mundo natural. La geología es un campo apasionante y en constante evolución, así que siga explorando y descubriendo, y quién sabe qué cosas asombrosas podría encontrar.

Capítulo 3: Rocas sedimentarias

¿Alguna vez se ha preguntado por las rocas que forman la superficie terrestre de nuestro planeta? Quizá le sorprenda saber que la mayoría de ellas se denominan rocas sedimentarias. Desde la arenisca hasta el esquisto y la caliza, las rocas sedimentarias existen desde hace millones de años. Son algo más que impresionantes formaciones geológicas. También contienen pistas vitales sobre la historia geológica de nuestro planeta. El estudio de estas extraordinarias rocas puede abrirte los ojos a historias inéditas sobre la evolución de la Tierra.

En este capítulo se explican los conceptos básicos de las rocas sedimentarias, como su composición y características. También se tratarán las tres categorías de rocas sedimentarias: clásticas, orgánicas y químicas. Tras conocer estas categorías, se tratarán tipos específicos de rocas sedimentarias, como la caliza, la arenisca, la limolita y el esquisto. Este capítulo finalizará con un resumen y los beneficios de conocer las rocas sedimentarias.

Introducción a las rocas sedimentarias

Las rocas sedimentarias a menudo se dan por sentadas, sobre todo porque parecen muy comunes y sencillas y se ven por todas partes. Sin embargo, estas rocas no sólo son abundantes, sino que contienen un extenso registro de la historia de la Tierra. Esto es lo que hace que el estudio de las rocas sedimentarias resulte fascinante. Descubramos el asombroso esplendor que encierran las rocas sedimentarias y profundicemos en su cautivador mundo.

Formación de rocas sedimentarias

Las rocas sedimentarias se forman cuando se acumulan y amalgaman partículas diminutas y materia orgánica. A continuación, estos materiales se comprimen y cementan para formar una roca sólida. Existen tres tipos principales de rocas sedimentarias: clásticas, químicas y orgánicas. Las rocas sedimentarias clásticas se forman cuando se combinan pequeños trozos de rocas y minerales. Las rocas sedimentarias químicas se forman por la precipitación de minerales a partir de una solución. Las rocas sedimentarias orgánicas se forman por la acumulación de conchas, huesos y restos vegetales.

Capas y formación

Las rocas sedimentarias se forman en capas y cada una de ellas nos cuenta una historia sobre el pasado. El grosor, la composición y el color de cada capa nos dan pistas sobre cómo se formó la roca y cómo cambió el entorno a lo largo del tiempo. La capa más antigua se encuentra en la parte inferior, mientras que la más reciente está en la parte superior. Las capas también revelan cómo ha cambiado el paisaje, incluida la presencia de ríos, océanos y desiertos durante distintos periodos. A través de las rocas sedimentarias podemos conocer la historia del clima, la geografía y la vida en la Tierra.

Rocas sedimentarias comunes

La arenisca, la caliza y el esquisto son algunas de las rocas sedimentarias más comunes. Cada una de estas rocas tiene propiedades y usos únicos. La arenisca está formada por granos de arena cementados en una roca sólida. Suele utilizarse como material de construcción. La caliza está formada por carbonato cálcico, a menudo depositado por conchas y restos de organismos marinos. Es un material de construcción popular y también se utiliza en la agricultura y la industria. El esquisto está formado por arcilla y a menudo contiene fósiles. Se utiliza como fuente de petróleo y gas natural.

Usos de las rocas sedimentarias

Las rocas sedimentarias tienen una amplia gama de usos. Se utilizan como materiales de construcción, como la arenisca, la caliza y la pizarra. También se emplean en la agricultura. Por ejemplo, la caliza se utiliza para elevar el pH de los suelos ácidos. Las rocas sedimentarias también se utilizan en la industria. Por ejemplo, la roca de esquisto se utiliza como fuente de petróleo y gas natural. Además, estas rocas también tienen un gran valor en geología, ya que permiten conocer la historia de nuestro planeta y cómo ha cambiado a lo largo del tiempo.

Rocas sedimentarias clásticas

¿Alguna vez se ha preguntado cómo se formaron las Montañas Rocosas y otros cañones? ¿O cómo producen los volcanes sus características rocas? Probablemente la respuesta esté en el mundo de las rocas sedimentarias. De los tres tipos principales de rocas, las sedimentarias constituyen la mayor parte de la corteza terrestre. Entre las subclasificaciones de las rocas sedimentarias se encuentran las rocas clásticas. El conocimiento de las rocas clásticas permite comprender la historia de la Tierra y su evolución a lo largo de millones de años.

Formación de rocas clásticas

Las rocas clásticas se forman a partir de la acumulación de partículas de roca o minerales u otros fragmentos pequeños, como conchas o fósiles, que son transportados y luego depositados por el agua, el hielo o el viento. El nombre *clástico* procede de la palabra griega *klastos*, que significa "roto". Existen numerosos tipos de rocas clásticas en función de su composición y del tamaño de las partículas. Un ejemplo común es la arenisca, formada por la acumulación de granos del tamaño de la arena cementados entre sí. Las lutitas, las limolitas y los conglomerados son otros ejemplos de rocas clásticas que se forman por la compactación y cementación de granos o clastos sedimentarios.

Limolita
James St. John, CC BY 2.0 DEED <https://creativecommons.org/licenses/by/2.0/>https://www.flickr.com/photos/jsjgeology/36690094351

Características de las rocas clásticas

Este tipo de roca comparte algunas características comunes, como las capas o estratificación, que se desarrollan debido al proceso de sedimentación. También son porosas y permeables, lo que significa que pueden retener y transmitir fluidos. Su color puede variar de claro a oscuro en función de su origen y composición. Las rocas clásticas pueden ser duras o blandas, según el grado de cementación, y pueden meteorizarse o erosionarse con facilidad. Algunas rocas clásticas contienen fósiles, que proporcionan pistas sobre el entorno, el clima y la formación de la roca en el pasado.

Consejos para identificar rocas clásticas

Identificar rocas clásticas puede ser un reto, pero con algunos consejos podrá empezar a diferenciarlas de otros tipos. Una de las características más notables es la presencia de diferentes tamaños de grano o texturas, que pueden observarse a simple vista o con una lupa. Otra pista es su densidad y peso. Las rocas clásticas suelen ser más ligeras que otras rocas, como las ígneas o las metamórficas. También puede comprobar su dureza arañando su superficie con un cuchillo o un clavo. Si la superficie se raya con facilidad, probablemente se trate de una roca clástica más blanda, como el esquisto.

Comprender el mundo de las rocas sedimentarias clásticas puede aportar muchos conocimientos sobre la geología y la historia de la Tierra. Al conocer sus características y rasgos identificativos, puede empezar a reconocerlas en diferentes entornos geológicos. Las rocas clásticas ofrecen una ventana al pasado geológico, desde las formaciones de arenisca de los parques nacionales de Utah hasta las capas de esquisto expuestas en las paredes del Gran Cañón. Así que la próxima vez que vaya de excursión o visite una maravilla natural, acuérdese de buscar pistas en las rocas que le rodean y descubra el asombroso mundo de las rocas sedimentarias clásticas.

Rocas sedimentarias orgánicas

Las rocas sedimentarias son creaciones realmente asombrosas formadas a lo largo de millones de años en diferentes condiciones geológicas. Una de las categorías de este tipo de rocas es la roca sedimentaria orgánica, que se forma por acumulación de restos orgánicos. Estas rocas están llenas de belleza e intriga, y en esta sección exploraremos los distintos tipos de rocas sedimentarias orgánicas, sus características y cómo identificarlas.

Ejemplos de rocas orgánicas

Las rocas sedimentarias orgánicas se forman a partir de la acumulación de materia orgánica, como el carbón, la caliza y el cuarzo. El carbón se forma a partir de los restos de una antigua vegetación sometida a presión y calor durante millones de años. La caliza se forma a partir de la acumulación de pequeñas conchas y esqueletos de organismos marinos en el agua de mar. El cuarzo se forma a partir de la acumulación de restos duros de antiguas esponjas y ascidias marinas.

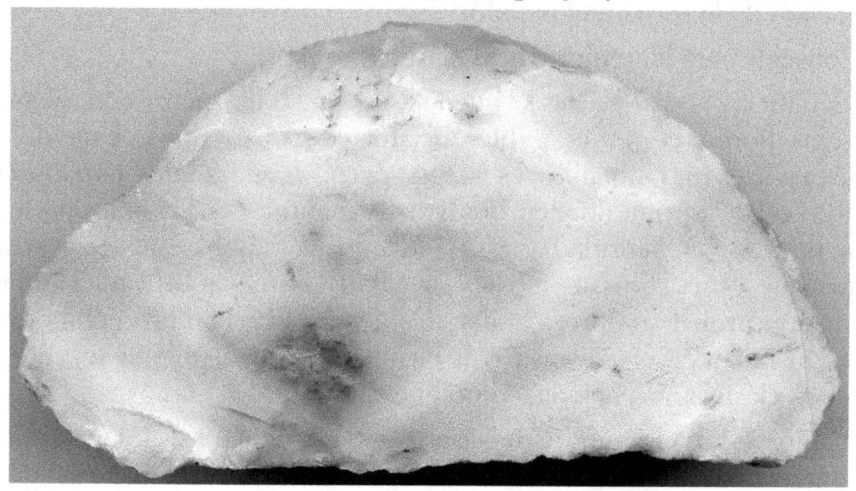

Cuarzo
James St. John, CC BY 2.0 DEED <https://creativecommons.org/licenses/by/2.0/>https://www.flickr.com/photos/jsjgeology/16638766949

Características de las rocas orgánicas

Las rocas sedimentarias orgánicas presentan características que las distinguen de otras rocas sedimentarias. Están compuestas de materia orgánica, lo que les confiere un color oscuro y un olor a tierra. También contienen fósiles y otros restos orgánicos a menudo visibles a simple vista. Cuando se analizan al microscopio, las rocas orgánicas tienen una textura granular o cristalina debido a su composición orgánica.

Consejos para identificar rocas orgánicas

La identificación de rocas orgánicas requiere ciertos conocimientos de geología y paleontología. Para identificar una roca orgánica, es fundamental examinar su color, textura y olor. Las rocas orgánicas suelen ser de color oscuro y tienen un olor a tierra característico debido a su composición orgánica. Su textura puede ser granular, cristalina o nodular, dependiendo del tipo de materia orgánica que se haya acumulado. También se pueden identificar las rocas orgánicas buscando fósiles u otros restos orgánicos, como conchas o esqueletos.

Otro consejo útil es examinar el entorno en el que se encontró la roca. Por ejemplo, la caliza suele encontrarse cerca del océano, mientras que el carbón se halla en zonas terrestres donde crecía la antigua vegetación. Esto puede proporcionar pistas sobre el tipo de roca orgánica con la que se está tratando.

Las rocas orgánicas sedimentarias son una categoría fascinante de rocas que cuentan una historia sobre el antiguo entorno en el que se formaron. La acumulación de materia orgánica a lo largo de millones de años puede crear una roca hermosa y única llena de sorpresas. Examinando su color, textura y entorno de origen, podrá identificar y apreciar la belleza de las rocas orgánicas.

Rocas sedimentarias químicas

¿Alguna vez ha paseado por una playa o por una costa rocosa y se ha fijado en lo variadas que pueden ser las formaciones rocosas? No hay dos formaciones rocosas iguales. Algunas son blandas y quebradizas, mientras que otras son duras e inflexibles. Algunas se forman a partir de capas de arena y limo, mientras que otras han sido moldeadas por la fuerza de la naturaleza, como el viento y el agua. Pero ¿sabía que algunas rocas se forman por reacciones químicas bajo nuestros pies? Puede que las rocas sedimentarias químicas no sean tan glamurosas como sus homólogas ígneas y metamórficas, ¡pero no por ello son menos fascinantes!

Ejemplos de rocas químicas

Algunas rocas sedimentarias químicas son la caliza, la dolomita, la sal gema y el cuarzo. La caliza es probablemente la más conocida y utilizada. Lo forman sobre todo calcita, un mineral compuesto por carbonato cálcico. La dolomita es similar a la caliza, pero tiene un mayor contenido en magnesio. La sal gema, como su nombre indica, se compone de halita, un mineral formado por la evaporación del agua de mar. El cuarzo es una roca dura y densa formada por la acumulación de fósiles microscópicos y conchas.

Dolomita

Didier Descouens, CC BY-SA 4.0 <https://creativecommons.org/licenses/by-sa/4.0>, via Wikimedia Commons https://commons.wikimedia.org/wiki/File:Dolomite_Luzenac.jpg

Características de las rocas químicas

¿Qué diferencia a las rocas sedimentarias químicas de otros tipos de rocas? En primer lugar, se forman por procesos químicos y no por erosión o fusión. Esto significa que suelen formarse en lugares como lagos poco profundos u océanos con altas concentraciones de minerales disueltos. También suelen ser cristalinas, lo que significa que tienen una estructura y composición distintas. Por último, las rocas químicas se caracterizan a menudo por presentar capas o bandas de diferentes colores y texturas, que reflejan las distintas condiciones en las que se formaron.

Consejos para identificar rocas químicas

Si siente curiosidad por estas rocas y quiere saber cómo identificarlas, hay algunas cosas que debe tener en cuenta. Para empezar, las rocas químicas suelen ser bastante duras y densas, con un aspecto cristalino o granular. También suelen estar compuestas por minerales relativamente fáciles de reconocer, como la calcita, la halita o el yeso. Además, las rocas químicas suelen presentar capas o bandas diferenciadas que reflejan cambios en la composición química o en las condiciones ambientales de una época a otra.

Las rocas sedimentarias químicas son una parte del paisaje geológico a menudo ignorada, pero fascinante. Desde los brillantes cristales de halita hasta las densas capas de cuarzo, estas rocas representan la compleja interacción de factores químicos y ambientales que dan forma a nuestro mundo. Tanto si es un geólogo profesional como un aficionado a las rocas, ¡explorar y comprender estas formaciones únicas puede ayudarle a apreciar mejor el mundo natural que le rodea!

Piedra caliza

La caliza es una roca sedimentaria muy popular por su versatilidad, belleza y durabilidad. Se ha utilizado para diversos fines durante miles de años y sigue siendo muy utilizada en la actualidad. Desde la construcción hasta las piezas ornamentales, la caliza es un recurso natural de enorme importancia.

Definición de piedra caliza

La caliza se forma a partir del mineral carbonato cálcico. Está compuesta por conchas, corales y otros restos marinos que se han asentado en el fondo del océano y se han compactado y cementado con el paso del tiempo. La caliza puede variar en color y textura, desde el blanco al gris pasando por el tostado, y puede presentar diferentes dibujos y marcas en función de los minerales presentes en los sedimentos que componen la roca.

Estructura de la caliza

La caliza tiene una estructura única caracterizada por su porosidad y permeabilidad. Es una roca blanda que se puede tallar y moldear con facilidad, pero también es lo suficientemente duradera como para resistir la intemperie y la erosión. La caliza puede comprender varias capas o lechos, que pueden tener diferentes composiciones, grosores y orientaciones. Algunos yacimientos calizos pueden contener fósiles, que pueden aportar valiosos datos sobre la historia de la vida y el medio ambiente.

Piedra caliza
Manishwiki15, CC BY-SA 3.0 <https://creativecommons.org/licenses/by-sa/3.0>, via Wikimedia Commons https://commons.wikimedia.org/wiki/File:Fossiliferous_Limestone.JPG

Usos de la piedra caliza

La piedra caliza se ha utilizado con fines muy diversos, desde la construcción a la agricultura, pasando por el arte. Es un material popular para la construcción y el paisajismo, ya que es fácil de trabajar, se puede pulir o texturizar y tiene un aspecto clásico y elegante. La caliza también se utiliza para fabricar cemento, ya que contiene altos niveles de calcio y magnesio. Además, la piedra caliza es un ingrediente habitual en los fertilizantes, ya que es rica en nutrientes esenciales para las plantas.

Consejos para identificar la piedra caliza

Si está interesado en identificar la piedra caliza, debe fijarse en varios aspectos. En primer lugar, la caliza suele ser de color claro, aunque puede presentar varias tonalidades. Puede ser blanca, gris o tostada y presentar marcas y dibujos naturales propios de cada yacimiento. La caliza también es algo blanda y se puede rayar con un cuchillo o una uña. Por último, la caliza suele encontrarse en zonas que en su día estuvieron cubiertas por mares poco profundos, como playas, acantilados o canteras.

La caliza es una roca intrigante y versátil que se ha utilizado durante siglos para diversos fines. Su estructura y características únicas la convierten en un recurso popular para la construcción, la agricultura, el arte y mucho más. Tanto si le gusta la geología como si es constructor, escultor o simplemente siente curiosidad por el mundo que le rodea, aprender sobre la piedra caliza puede ser una experiencia valiosa y gratificante. Con estos consejos para identificar la caliza, podrá explorar las maravillas de esta hermosa roca y descubrir sus múltiples usos y aplicaciones.

Piedra arenisca

Cuando hablamos de rocas y minerales, la arenisca destaca por sus bellos colores, texturas y durabilidad. Esta roca sedimentaria se ha utilizado durante siglos en la construcción, el arte y diversos usos prácticos. Para entender mejor la arenisca, exploremos su estructura distintiva, varios de sus diversos usos y trucos para reconocerla.

Definición de arenisca

La arenisca es un tipo de roca compuesta por pequeños granos de arena y minerales como el feldespato o el cuarzo. Los granos se compactan y cementan entre sí, formando una roca sólida y dura. La arenisca se encuentra en varios colores, desde el beige claro y el amarillo hasta marrones más oscuros, rojos e incluso verdes.

Arenisca
https://commons.wikimedia.org/wiki/File:Sandstone(quartz)USGOV.jpg

Estructura de la arenisca

La arenisca tiene una estructura única que la diferencia de otras rocas sedimentarias. Se compone de pequeños granos de arena visibles a simple vista. Estos granos varían de tamaño y pueden ser angulosos, redondeados o incluso estar parcialmente fundidos debido al calor y la presión extremos. El cemento que une estos granos puede estar formado por minerales de sílice, carbonato o arcilla. Algunas areniscas presentan estratificación o planos de estratificación, que son líneas visibles que separan las distintas capas formadas a lo largo del tiempo.

Usos de la arenisca

La arenisca se ha utilizado durante siglos en la construcción debido a su durabilidad y atractivo aspecto. Muchos edificios y monumentos históricos, como el Taj Mahal, Petra y el Gran Cañón, están hechos de arenisca. También se utiliza como piedra decorativa, ya que puede tallarse y esculpirse en diversas formas y diseños. La arenisca se utiliza en paisajismo y diseño de jardines por su aspecto natural y rústico. También se utiliza como material de pavimentación, revestimiento de paredes y suelos.

Consejos para identificar la arenisca

Una de las mejores formas de identificar la arenisca es por su textura. La arenisca tiene una superficie áspera y granulada debido a los granos de arena visibles. Debido a su densidad, también es más pesada que otras rocas del mismo tamaño. También puede identificar la arenisca por su aspecto. Tiene una textura visiblemente estratificada, y muchas areniscas tienen un aspecto oxidado debido al contenido de hierro en los minerales. Por último, puede confirmar que ha encontrado arenisca realizando una sencilla prueba ácida. Si la roca tiene un efecto efervescente al dejar caer unas gotas de vinagre, es probable que se trate de arenisca.

La arenisca es una roca que destaca por su estructura única, sus bellos colores y su durabilidad. Se ha utilizado durante siglos en la construcción, el arte y con fines prácticos, y sigue siendo popular hoy en día. Si se encuentra con una roca de superficie rugosa, granos de arena visibles y aspecto estratificado, es posible que se trate de arenisca. Así que, la próxima vez que vea un edificio antiguo hecho de arenisca o una formación natural de arenisca, dedique un momento a apreciar esta roca que resiste el paso del tiempo.

Limolita

¿Ha oído hablar alguna vez de la limolita? Puede que esta roca sedimentaria no sea tan conocida como algunos de los tipos de roca más populares, pero desempeña un papel importante en nuestra vida cotidiana. La limolita es una roca versátil con diversos usos, desde materiales de construcción hasta fines decorativos.

Definición de limolita

La limolita es una roca sedimentaria compuesta por partículas de tamaño limo, más pequeñas que la arena y más grandes que la arcilla. Este tipo de roca se forma por acumulación de sedimentos, en particular partículas de grano fino como el limo y la arcilla. La limolita está en capas y puede presentar una gama de colores que incluyen gris, verde, marrón y rojo.

Estructura de la limolita

La limolita tiene una estructura de grano fino con capas estrechamente empaquetadas de partículas del tamaño del limo. La roca tiene una textura suave y puede tener una apariencia plateada o en bloques, dependiendo de cómo se formó. La limolita no es muy porosa y tiene una permeabilidad relativamente baja, lo que significa que no permite el paso del agua con facilidad. Debido a estas características, la limolita se utiliza a menudo como material de construcción de estructuras que requieren cimientos fuertes y estables.

Usos de la limolita

La limolita tiene una variedad de usos en aplicaciones de construcción, decorativas e industriales. A menudo se usa como material de construcción para paredes, pisos y cimientos. La limolita también se utiliza en paisajismo y como piedras decorativas en jardines y espacios exteriores. En la industria, la roca se utiliza como materia prima para la producción de cemento y otros materiales de construcción. Además, la limolita se puede triturar y utilizar como enmienda del suelo para mejorar el drenaje y la aireación en los lechos de jardín.

Consejos para identificar la limolita

Si desea identificar la limolita, hay algunas características clave que debe buscar. La limolita tiene una textura de grano medio a fino y, a menudo, tiene capas o laminaciones visibles. La roca es densa y dura, con una superficie lisa que se puede rayar con un cuchillo o un clavo. La limolita a menudo tiene un color gris o marrón, pero también puede ser verde, rojo u otros tonos. En el campo, la limolita se puede identificar por su apariencia en bloques o placas, y a menudo se rompe en fragmentos planos y lisos.

Puede que la limolita no sea el tipo de roca más conocido, pero es importante con diversos usos en aplicaciones de construcción, decorativas e industriales. Su estructura de grano fino y su textura densa y dura lo convierten en un material de construcción fuerte y estable para estructuras que requieren una base sólida. Tanto si es un entusiasta de la geología como si simplemente siente curiosidad por las rocas que le rodean, la limolita es un tipo de roca fascinante para aprender y apreciar.

Esquisto

Lo más seguro es que, si ha escuchado la palabra "esquisto" antes, probablemente se trate del controvertido proceso de extracción de gas natural y petróleo conocido como fracturación hidráulica. Pero el esquisto no es solo una fuente de combustible. Es una roca sedimentaria con una estructura compleja y una amplia gama de usos potenciales. En esta sección se analizarán los diferentes aspectos del esquisto, desde su definición y estructura hasta sus diversas aplicaciones y consejos para identificarlo en el campo.

Definición de esquisto

El esquisto es una roca sedimentaria de grano fino compuesta por minerales de arcilla y otros minerales inorgánicos y orgánicos como cuarzo, calcita, feldespato y mica. Se forma a través de la compactación y cementación de arcilla, limo y otras rocas de grano fino. Este proceso puede ocurrir en tierra (esquisto terrestre) y bajo el agua (esquisto marino). El esquisto suele ser muy delgado, con un espesor de menos de dos pulgadas, y se puede encontrar en capas dentro de formaciones de roca más grandes.

Esquisto
https://pixabay.com/es/photos/esquisto-roca-roto-textura-rocoso-2255022/

Estructura del esquisto

El esquisto es una roca estratificada que se caracteriza por su fiscalidad, o capacidad de dividirse ordenadamente a lo largo de planos paralelos. Esta característica distintiva es el resultado de los minerales arcillosos que constituyen la mayor parte de la roca. Estos minerales tienden a alinearse en placas delgadas y planas que pueden deslizarse fácilmente entre sí. Las capas de esquisto también pueden exhibir una variedad de otras características, como marcas de ondulación, organismos marinos fosilizados y pequeñas grietas y fallas. Estas características son clave para comprender el entorno de deposición del esquisto y sus usos potenciales.

Usos del esquisto

El esquisto tiene una variedad de aplicaciones en industrias que van desde la construcción hasta la producción de energía y la agricultura. El esquisto se utiliza a menudo como materia prima para la fabricación de ladrillos, baldosas y otros productos cerámicos en la industria de la construcción. También se utiliza para la construcción de carreteras y como material de relleno en hormigón. El esquisto también puede ser una valiosa fuente de gas natural y petróleo, como se mencionó anteriormente. En la agricultura, el esquisto se utiliza como acondicionador del suelo, ya que ayuda a mejorar el drenaje y la aireación del suelo.

Consejos para identificar el esquisto

Identificar el esquisto en el campo puede ser un desafío porque a menudo parece similar a otras rocas sedimentarias de grano fino como la limolita, la lutita y el primo del esquisto, la pizarra. Sin embargo, algunas características clave pueden ayudarle a diferenciar el esquisto de estas otras rocas. Una forma de identificar el esquisto es buscar su fiscalidad distintiva. Si una roca se divide claramente a lo largo de planos paralelos, es probable que sea esquisto. Otra forma de identificar el esquisto es realizar una prueba de rayado con un cuchillo. El esquisto suele ser más blando que la pizarra y dejará una marca cuando se raye. Además, el esquisto a menudo tiene una apariencia opaca y plana en comparación con la superficie brillante y reflectante de la pizarra.

El esquisto puede haber ganado notoriedad como fuente de gas natural y petróleo a través del polémico proceso de fracturación hidráulica, pero su compleja estructura y sus diversas aplicaciones la convierten en una roca intrigante y valiosa para una variedad de industrias. Desde su composición de grano fino hasta su fiscalidad distintiva, el esquisto ofrece oportunidades únicas para la exploración y explotación. Ya sea un geólogo, un constructor o simplemente un sabueso casual, comprender el esquisto y sus muchas facetas puede profundizar su apreciación por el intrincado y en constante evolución mundo de las rocas y los minerales.

Las rocas sedimentarias son un grupo diverso de rocas formadas a través de la compactación y cementación de sedimentos sueltos. Estas rocas se pueden dividir en clásticas, orgánicas y químicas. Las rocas sedimentarias clásticas están compuestas por partículas de material descompuesto de rocas preexistentes. Ejemplos de este tipo de rocas sedimentarias incluyen arenisca, conglomerado, esquisto y piedra caliza. Las rocas sedimentarias orgánicas están compuestas de material orgánico de organismos vivos, como el carbón y la piedra caliza.

Las rocas sedimentarias químicas se forman a través de la precipitación de minerales disueltos en agua y pueden incluir evaporitas como halita y yeso. Las características únicas de las rocas sedimentarias, como su fiscalidad y su entorno de deposición, las hacen increíblemente valiosas en diversas industrias. Mientras explora el mundo de las rocas y los minerales, tómese el tiempo para apreciar y comprender todos los diferentes tipos de rocas sedimentarias. Desde la arenisca hasta el esquisto, estas extraordinarias rocas son un testimonio del poder de la naturaleza y su capacidad para dar forma a nuestro planeta.

Capítulo 4: Rocas metamórficas

¿Sabía que algunas rocas se transforman de un tipo a otro? Esta transformación se llama metamorfismo, ¡y el resultado de este proceso se conoce como roca metamórfica!

Las rocas metamórficas son algunas de las formaciones más interesantes y hermosas de la Tierra. De cuarcita a mármol, de esquisto a gneis, estas rocas se han transformado significativamente de su forma ígnea, sedimentaria o incluso metamórfica anterior. Este capítulo explorará más sobre qué son las rocas metamórficas y cómo se forman. También se discutirán los dos tipos principales de rocas metamórficas y algunos otros ejemplos notables. Al final de este capítulo, debería tener una buena comprensión de las rocas metamórficas y cómo identificarlas.

¿Qué son las rocas metamórficas?

La corteza terrestre es un laberinto fascinante lleno de una gran variedad de minerales, rocas y sedimentos que se han formado debido a diversos procesos geológicos a lo largo de millones de años. Las rocas metamórficas son uno de esos tipos de rocas y pueden describirse como cualquier roca que ha cambiado sustancialmente de su forma ígnea, sedimentaria o metamórfica anterior original.

Desde el mármol hasta la cuarcita, desde la filita hasta el esquisto y desde el gneis hasta la pizarra, cada una de estas rocas tiene una historia de origen única que se caracteriza por una intensa presión y/o calor.

Definición de rocas metamórficas

Las rocas metamórficas se han transformado de su estado original a través del calor, la presión y las reacciones químicas mientras aún se encuentran en estado sólido. Estas rocas se forman a partir de rocas preexistentes (conocidas como rocas madre o protolitos) sometidas a una intensa presión y calor por la proximidad del magma u otra fuente de calor. Las condiciones extremas de temperatura y presión alteran la composición mineral, las propiedades químicas y la apariencia física de la roca para formar rocas metamórficas.

Estructura de las rocas metamórficas

Las rocas metamórficas se presentan en diferentes composiciones y estructuras dependiendo de la intensidad de las condiciones de su formación. Tienen bandas distintas, capas o una combinación de ambas y pueden tener una variedad de orientaciones minerales. Su textura varía de gruesa a fina, dependiendo del grado de deformación y recristalización. En algunos casos, las rocas metamórficas conservan las características de la roca madre, como sus fósiles, pero en la mayoría de los casos, tienen un aspecto y una sensación completamente diferentes.

Formación de las rocas metamórficas

Las rocas metamórficas se forman a través de dos procesos: metamorfismo regional y metamorfismo de contacto. El metamorfismo regional ocurre cuando las rocas están sometidas a altas presiones y temperaturas causadas por la colisión de placas tectónicas o cuando las rocas profundas están expuestas a la superficie de la Tierra. El metamorfismo de contacto ocurre cuando las rocas entran en contacto con el magma o cualquier otra fuente de calor, lo que hace que cristalicen, recristalicen y formen nuevos minerales. El tipo de roca metamórfica formada depende de la composición de la roca madre, la duración e intensidad del calor y la presión, y la presencia de fluidos que contribuyen a la alteración de los minerales.

Las rocas metamórficas muestran los notables efectos de las enormes fuerzas de calor y presión sobre los materiales geológicos. Son una pieza fascinante de la historia de la Tierra y tienen un valor significativo en una variedad de áreas, incluida la arquitectura, la construcción y las esculturas. Comprender la formación y estructura de las rocas metamórficas ofrece información valiosa sobre cómo ha evolucionado la corteza terrestre, el papel de las placas tectónicas en la configuración de la superficie de la Tierra y el potencial de descubrimientos. Al explorar el mundo de las rocas metamórficas, obtenemos una nueva apreciación del planeta que habitamos y de las fuerzas que lo crearon y siguen trabajando para crearlo.

Rocas metamórficas foliadas

Si es un entusiasta de la geología, probablemente haya oído hablar de las rocas metamórficas foliadas. Estas rocas tienen características únicas que las distinguen de otros tipos de rocas. Pero ¿qué son y qué las hace especiales? Esta sección explorará las rocas metamórficas foliadas, sus características, sus diferentes tipos y consejos para identificarlas.

Definición

Las rocas foliadas son rocas metamórficas con una apariencia estratificada o bandeada creada por la exposición a alta presión y calor. Estas rocas comparten una propiedad llamada foliación. La foliación es la disposición de minerales en una roca metamórfica, que crea capas o láminas paralelas. Estas rocas se forman a través del proceso de metamorfismo, que ocurre cuando las rocas están sometidas a altas temperaturas y presiones causadas por actividades tectónicas como la formación de montañas, el metamorfismo de contacto y el metamorfismo regional.

Características de las rocas metamórficas foliadas

Una característica de las rocas metamórficas foliadas es la presencia de clivaje. Esto se refiere a la capacidad de una roca para romperse a lo largo de superficies planas y paralelas. Por ejemplo, un esquisto se puede romper fácilmente en láminas planas delgadas a lo largo de su hendidura. Otras características incluyen la disposición de minerales específicos como la mica, la clorita y la hornblenda en una estructura similar a una capa que crea una apariencia de bandas. Cuanto más intensa es la presión y el calor, más pronunciadas se vuelven las bandas. Los granos de estas rocas también tienden a ser alargados o aplanados, lo que hace que parezcan estirados.

Tipos de rocas metamórficas foliadas

Hay varios tipos de rocas metamórficas foliadas, y todas difieren en su composición y textura. La pizarra es uno de esos tipos, que tiene una textura de grano fino representada por minerales de arcilla microscópicos. La filita es otro tipo con un aspecto brillante con una textura entre pizarra y esquisto. El esquisto es el tipo más común y se caracteriza por grandes granos de mica, lo que le da un aspecto brillante.

El gneis tiene una textura gruesa y es de grano más grueso que el esquisto. Por último, la migmatita es un tipo raro que se forma cuando una roca sufre una fusión parcial.

Filita

James St. John, CC BY 2.0 <https://creativecommons.org/licenses/by/2.0 >, via Wikimedia Commons https://commons.wikimedia.org/wiki/File:Phyllite_(French_Slate,_Paleoproterozoic;_Snowy_Range_Road_ro adcut,_Medicine_Bow_Mountains,_Wyoming,_USA)_8_(45625222381).jpg

Consejos para identificar rocas metamórficas foliadas

Si bien la identificación de rocas metamórficas foliadas puede parecer un desafío, hay ciertos indicadores a tener en cuenta. Una forma de identificarlos es buscar líneas paralelas o bandas en la roca. Otros factores para considerar incluyen el tipo de minerales presentes, la textura de la roca y la presencia de escisión. Algunas rocas también pueden tener una apariencia brillante o reflectante, lo que indica la presencia de mica u otros minerales.

Las rocas metamórficas foliadas ofrecen una visión fascinante de la historia geológica de nuestro planeta. Las características únicas y la composición de estas rocas son un testimonio de las poderosas fuerzas que han dado forma a nuestro mundo. Al comprender las características, los tipos y los factores de identificación de las rocas metamórficas foliadas, podemos apreciar la belleza y la complejidad de la geología de nuestro planeta. Así que, la próxima vez que se encuentre con una roca foliada, ¡tómese un momento para maravillarse con la maravilla natural de todo ello!

Rocas metamórficas no foliadas

Las rocas son algunos de los materiales más antiguos de nuestro planeta Tierra. Se les ha dado forma y remodelación a lo largo del tiempo debido a diversas fuerzas geológicas. Las rocas metamórficas transforman la forma y la composición con el tiempo debido al calor, la presión y otros factores. Las rocas metamórficas no foliadas son aquellas rocas que carecen de una alineación visible de minerales. En términos más simples, no tienen capas. Este tipo particular de roca metamórfica tiene varias características, tipos y consejos para identificarlas.

Definición

Las rocas metamórficas no foliadas son rocas que se han transformado sin producir una textura estratificada o bandeada. Esto significa que tienen una composición uniforme en toda la roca. Por lo general, cristalizan en condiciones de alta presión y baja temperatura. Debido a su composición uniforme, a menudo se utilizan para fines de edificación y construcción.

Características de las rocas metamórficas no foliadas

Las rocas metamórficas no foliadas tienen varias características que las diferencian de otras formas. Por un lado, estas rocas tienden a carecer de capas visibles o bandas de minerales. También suelen ser duras y duraderas, lo que las hace ideales para su uso en la construcción. Algunos ejemplos de rocas metamórficas no foliadas incluyen mármol, cuarcita y corneana.

Tipos de rocas metamórficas no foliadas

Hay varios tipos de rocas metamórficas no foliadas, cada una con una composición y características únicas. El mármol, por ejemplo, es una roca metamórfica no foliada compuesta casi en su totalidad de calcita, un mineral que la hace ligeramente más dura que la piedra caliza. Por otro lado, la cuarcita es una roca metamórfica compuesta casi en su totalidad por granos de cuarzo. Y corneana es una roca metamorfoseada de grano fino compuesta por varios minerales diferentes, como cuarzo, feldespato y mica.

Cuarcita

James St. John, CC BY 2.0 <https://creativecommons.org/licenses/by/2.0 >, via Wikimedia Commons https://commons.wikimedia.org/wiki/File:Sioux_Quartzite_(Paleoproterozoic,_1.65_to_1.70_Ga;_Transcontinental_Arch,_USA)_17.jpg

Consejos para identificar rocas metamórficas no foliadas

Hay algunas cosas a tener en cuenta para identificar rocas metamórficas no foliadas. Una de las cosas más notables de estas rocas es que, a diferencia de las rocas metamórficas foliadas, no tienen una estratificación o banda visible de minerales. También suelen ser bastante duras y duraderas, lo que las hace útiles para la construcción. Por último, a menudo hay una textura uniforme en toda la roca.

Las rocas metamórficas no foliadas son una parte esencial de nuestra historia geológica que ha dado forma a nuestro planeta. Estas rocas son increíblemente duras y duraderas, gracias a la transformación que sufren. No tienen minerales en capas, lo que ofrece una textura uniforme en toda la roca. Esto los hace útiles para la construcción y la edificación. Conocer las características, los tipos y los consejos para identificarlos puede ser útil para los geólogos, los trabajadores de la construcción o cualquier persona interesada en la historia geológica de la Tierra.

Ejemplos notables de rocas metamórficas

Las rocas metamórficas proporcionan una visión única del pasado geológico del planeta, ya que su identidad original ha sido alterada parcial o totalmente. Ejemplos notables de rocas metamórficas incluyen pizarra, esquisto, mármol, cuarcita y gneis. Todas estas rocas metamórficas poseen una resistencia increíble debido a los cambios que sufren durante su formación. Las cualidades duras y duraderas de estas rocas las hacen ideales para diversos fines de construcción y edificación. También son populares entre los coleccionistas y se pueden encontrar en muchos hogares, oficinas y museos.

Mármol

El mármol es una piedra hermosa y versátil ampliamente utilizada con fines arquitectónicos, escultóricos y decorativos. Las características únicas del mármol lo convierten en una opción popular para propietarios de viviendas, diseñadores y constructores de todo el mundo. Esta roca metamórfica se forma por la transformación de la piedra caliza o dolomita a través del calor y la presión. La piedra hecha de piedra caliza o dolomita tiene pequeños cristales de calcita. Se ve diferente según el material de la roca original.

Historia

El mármol se ha utilizado desde la antigüedad para simbolizar la riqueza, el poder y la belleza. Los antiguos griegos y romanos construyeron magníficos templos, estatuas y edificios con mármol, y su legado artístico y arquitectónico sigue siendo visible hoy en día. Las mundialmente famosas canteras de mármol de Carrara, Italia, han funcionado desde la época romana y han proporcionado el material precioso para obras maestras como el David de Miguel Ángel y el Panteón de Roma. Hoy en día, el mármol todavía se extrae en muchos países como Italia, España, Grecia, Turquía, Brasil y Estados Unidos. La rica variedad de colores, texturas y patrones de mármol lo convierte en uno de los favoritos entre diseñadores y arquitectos.

Mármol

James St. John, CC BY 2.0 <https://creativecommons.org/licenses/by/2.0 >, via Wikimedia Commons
https://commons.wikimedia.org/wiki/File:Marble_(Murphy_Marble,_Ordovician;_quarry_near_Tate,_Georgia,_USA)_(16268833583).jpg

Propiedades

Las propiedades del mármol lo convierten en una excelente opción para muchas aplicaciones. El mármol es una piedra duradera y resistente al calor que puede soportar un alto tráfico en áreas como baños, cocinas y pisos. Su superficie lisa hace que sea fácil de limpiar y mantener y no atrae bacterias ni alérgenos. El mármol es una opción popular para encimeras, tocadores y salpicaderos por su resistencia a las manchas y los arañazos. Puede durar décadas y mejorar con la edad, desarrollando una pátina natural que se suma a su belleza si se cuida adecuadamente.

Usos

Uno de los principales atractivos del mármol es su singularidad. No hay dos piezas de mármol iguales, y las variaciones en el color, el patrón y las vetas le dan a cada losa su carácter. Desde los clásicos mármoles blancos y grises hasta las exóticas variedades verdes, rojas y rosas, el mármol puede agregar elegancia y refinamiento a cualquier espacio. La popularidad del mármol también ha llevado al desarrollo de nuevos acabados y tratamientos que potencian su versatilidad. Los acabados apomazados o mate son ideales para un aspecto sutil y sofisticado, mientras que los acabados pulidos o brillantes dan un brillo irresistible.

Cuidado

El cuidado del mármol es esencial para mantener su belleza y longevidad. El mármol es susceptible al grabado causado por sustancias ácidas como el vinagre, el jugo de limón o el vino, por lo que es esencial evitar el contacto con estos líquidos. Se recomienda limpiar el mármol con un limpiador de pH neutro y un paño suave o una esponja. Evite el uso de limpiadores abrasivos o estropajos que puedan rayar la superficie de la piedra. También se recomienda sellar el mármol para evitar manchas y daños por agua. Si nota grietas o astillas en el mármol, es esencial abordarlas con prontitud para evitar daños mayores.

El mármol es un material asombroso y fascinante que ha superado la prueba del tiempo. Desde sus orígenes antiguos hasta sus aplicaciones modernas, el mármol simboliza la belleza, el lujo y la elegancia. Sus propiedades únicas, su versatilidad y su variedad lo convierten en uno de los materiales favoritos de arquitectos, diseñadores y propietarios de viviendas de todo el mundo. El cuidado del mármol es esencial para garantizar su durabilidad y belleza durante años. Tanto si elige el clásico mármol blanco como el exótico mármol verde, no se puede negar que el mármol es una elección exquisita y atemporal.

Cuarcita

Cuando se trata de rocas que la gente conoce y ama, la cuarcita no suele ser la primera que viene a la mente. La mayoría de la gente ni siquiera ha oído hablar de ella. Sin embargo, esta roca metamórfica merece cierta atención por su belleza oculta y sus características únicas.

¿Qué es exactamente la cuarcita?

La cuarcita es una roca metamórfica que se forma cuando la arenisca de cuarzo se expone a altas temperaturas y presiones en las profundidades de la corteza terrestre. Este proceso hace que las partículas de arena de la roca se recristalicen y fusionen, creando una roca más densa y dura que la arenisca original. La cuarcita suele confundirse con el mármol o el granito por su superficie brillante y sus vivos colores.

Características

Una de las características más notables de la cuarcita es su durabilidad. La cuarcita es resistente al desgaste, a diferencia de otras piedras naturales vulnerables a arañazos, manchas y marcas. Esto la hace ideal para encimeras de cocina, suelos y pavimentos exteriores. También es resistente al calor, por lo que puede colocar ollas y sartenes calientes directamente sobre la superficie sin temor a que se dañen. Con los cuidados y el mantenimiento adecuados, la cuarcita puede durar toda la vida.

Ventajas

La cuarcita es muy apreciada por su impresionante gama de colores y diseños, que ofrecen infinitas posibilidades de diseño. Debido a la variedad de minerales que pueden estar presentes en la arenisca original, la cuarcita puede presentar una gran variedad de colores, como blanco, gris, rosa y amarillo. Algunas incluso tienen colores inesperados como el azul y el verde. Los diseños de la roca pueden variar desde sutiles granos a atrevidos remolinos y vetas. Esto significa que la cuarcita puede utilizarse en cualquier estilo de diseño, desde el tradicional al moderno.

A pesar de sus muchas ventajas, la cuarcita suele pasarse por alto en favor de piedras naturales más conocidas, como el granito y el mármol. La razón principal es la idea errónea de que la cuarcita es difícil de trabajar. La cuarcita requiere cierta habilidad y experiencia para su fabricación e instalación, pero con la ayuda de un proveedor de piedra profesional, puede ser un proceso fácil y sin estrés.

En general, la cuarcita es una roca metamórfica única que merece más atención en el mundo de la piedra natural. Con su durabilidad, gama de colores y belleza oculta, la cuarcita es una gran opción para cualquier proyecto de renovación del hogar. No tenga miedo de explorar esta joya oculta y descubrir cómo puede mejorar su espacio vital.

Filita

La naturaleza nunca deja de sorprendernos con su espectacular producción. La evolución de las rocas es un ejemplo vivo de cómo cada centímetro de nuestro planeta tiene una historia única que contar. Una de ellas es la filita, que se ha hecho un hueco entre las rocas metamórficas. La filita, que se encuentra en varias partes del mundo, es una roca que ha sufrido una notable transformación de roca sedimentaria o ígnea a su forma metamórfica.

Formación

La filita es una roca metamórfica formada a partir de la metamorfosis continua por presión y calor de la pizarra, una de las muchas rocas sedimentarias. El proceso de metamorfosis de la filita ha pasado por varias fases, lo que ha dado como resultado su textura distintiva y su bello aspecto. Se puede experimentar la belleza de la filita examinándola de cerca, tocando su superficie lisa y observando sus cristales de mica. Los cristales de mica son los responsables del lustre y el brillo, mientras que los cristales de clorita le confieren su hermoso color verde.

Características

La textura única de las rocas filíticas radica en su aspecto, que se asemeja a formas en abanico estrechamente apiladas, formadas debido a sus frecuentes capas. Estas capas son el resultado de la compresión y aplanamiento repetidos de la roca sedimentaria al metamorfosearse en filita. Debido a su textura, se ha convertido en un excelente material de construcción en países como Alemania, donde ha encontrado su aplicación en estructuras de renombre.

La roca filita desempeña un papel crucial en los estudios químicos, físicos y geológicos de la historia antigua de la Tierra. Contiene minerales esenciales como granate, estaurolita y biotita, que ayudan a estudiar el pasado de la Tierra. Los científicos pueden determinar qué grupo de rocas estaba presente durante la formación de la filita, lo que puede proporcionar información sobre el momento en que se crearon varias rocas en esa región.

Usos

La durabilidad y dureza de la filita la convierten en un excelente material de construcción y para suelos, sobre todo cuando se presenta en capas. Además de como material de construcción, también se utiliza en ingeniería eléctrica, fabricación de diamantes sintéticos y productos cosméticos.

La belleza de la filita habla por sí sola y su importancia en la historia natural de la Tierra. Es un producto de la magia y la evolución de la naturaleza. La textura y composición únicas de la filita la convierten en una excelente opción para diversas aplicaciones, desde azulejos decorativos hasta la investigación científica. Su encanto y relevancia siguen asombrando por igual a geólogos, arqueólogos y gente corriente. Así que, la próxima vez que tropiece con una roca de filita, tómese un momento para reconocer su magia y su maravilla.

Esquisto

La naturaleza es una gran artista, y algunas de sus mejores obras maestras son las rocas metamórficas. El esquisto es una de esas rocas que ha despertado el interés de geólogos, coleccionistas y aficionados por igual. Las rocas de esquisto son algunos de los especímenes geológicos más bellos por su aspecto brillante y sus intrincados dibujos.

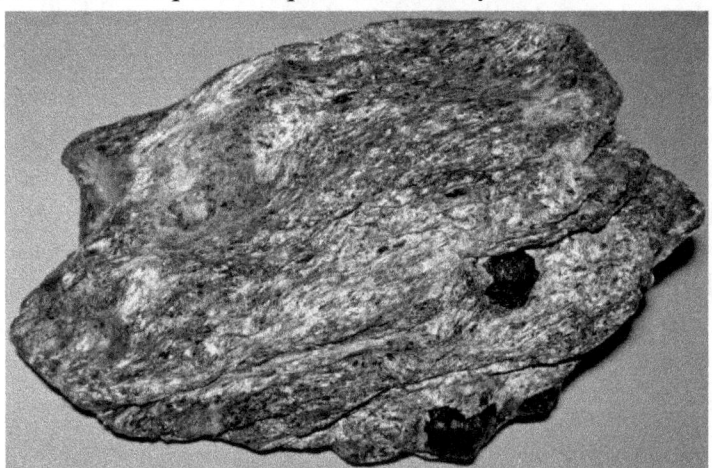

Esquisto
James St. John, CC BY 2.0 < https://creativecommons.org/licenses/by/2.0 >, via Wikimedia Commons https://commons.wikimedia.org/wiki/File:Garnet-chlorite_schist_(Lake_Martin,_Alabama,_USA)_2_(33367535678).jpg

Formación

El esquisto es una roca metamórfica que se forma a partir de rocas preexistentes debido al calor y la presión. Cuando las rocas se someten a altas presiones y temperaturas, los minerales de su interior empiezan a recristalizar y a alinearse en planos paralelos. Este proceso da lugar a la formación de las bandas y foliaciones características del esquisto. Los niveles de calor y presión necesarios para la formación del esquisto son superiores a los de la pizarra, pero inferiores a los del gneis.

Tipos

El esquisto se presenta en varios tipos, en función de la roca de la que se forma y de los minerales que contiene. Los tipos más comunes de esquisto son el esquisto de mica, el esquisto de granate y el esquisto de talco. El esquisto de mica es el más reconocible por su característico aspecto brillante debido a la presencia de minerales de mica. La esquisto-granate es otro tipo reconocible por la presencia de granate, que le confiere un color rojizo. La esquisto-talco, por su parte, se crea a partir del metamorfismo de rocas ultramáficas, y tiene una textura grasienta debido a la elevada presencia de talco.

Usos

El esquisto es una roca muy codiciada por coleccionistas y aficionados debido a su belleza y rareza. Sus variados tipos y patrones la convierten en un deleite visual y en el sueño de cualquier coleccionista. Además, el esquisto se utiliza para varias aplicaciones prácticas. Su estructura en bandas y foliada lo convierte en una piedra decorativa muy popular, mientras que su gran resistencia al desgaste lo hace ideal para suelos, encimeras y tejados.

El esquisto es una roca impresionante y versátil que puede apreciarse por sus características estéticas y prácticas. Su aspecto brillante y sus formaciones ilustran las extraordinarias capacidades de los procesos naturales de nuestro planeta. La utilidad y la belleza del esquisto lo han convertido en objeto de fascinación humana durante siglos, y su atractivo sigue encantando a la gente hoy en día. Así que, la próxima vez que admire una formación de esquisto, podrá maravillarse ante los fascinantes procesos geológicos que dieron forma y origen a estas impresionantes joyas de la Tierra.

Gneis

Las rocas nos rodean desde hace millones de años, y las metamórficas, en particular, son fascinantes porque se forman mediante la transformación de rocas. Uno de esos tipos de roca que merece atención es el gneis. El gneis es una roca metamórfica con una estructura en capas compuesta por diferentes minerales.

Gneis

James St. John, CC BY 2.0 <https://creativecommons.org/licenses/by/2.0>, via Wikimedia Common shttps://commons.wikimedia.org/wiki/File:Gneiss_2_(33239757534).jpg

¿Qué es el gneis?

El gneis es una roca metamórfica formada mediante el proceso de metamorfismo. Se trata de una combinación de diferentes minerales comprimidos en condiciones de alta presión y alta temperatura, que modifican la estructura original de la roca. La fuerte foliación o estratificación del gneis lo distingue de otras rocas metamórficas.

¿Cómo se forma el gneis?

El gneis se forma por metamorfismo, en el que las rocas se someten a un calor y una presión inmensos. Las rocas madre del gneis suelen ser rocas ígneas o sedimentarias sometidas a procesos metamórficos. Estos procesos incluyen metamorfismos regionales y de contacto, en los que las rocas experimentan altas temperaturas y presión debido a los movimientos de la corteza terrestre. Esto hace que los minerales de la roca cambien y se combinen para formar el gneis.

Diferentes tipos de gneis

El gneis es una roca compleja, lo que significa que presenta distintos tipos en función de los minerales presentes. El tipo más común es el gneis de biotita, que tiene una capa de mineral de biotita intercalada entre dos capas de feldespato. Otro tipo es el gneis granítico, compuesto por minerales de granito como cuarzo, feldespato y mica. Del mismo modo, el gneis máfico se compone de minerales oscuros como hornblenda y piroxeno.

Usos del gneis

El gneis tiene muchos usos debido a sus propiedades únicas. A menudo se utiliza en la construcción como piedra decorativa por sus diferentes colores y diseños. El gneis puede pulirse hasta obtener un brillo intenso, lo que lo hace atractivo como material de construcción. Además, el gneis se utiliza como piedra dimensional, por lo que es ideal para el corte y el diseño. Dada su durabilidad y resistencia, el gneis también puede utilizarse para crear hermosas encimeras, baldosas para suelos y paredes. El gneis se utiliza habitualmente para pasarelas, esculturas de exterior y parterres de jardín. Además, esta roca puede triturarse y utilizarse como balasto, agregado de hormigón o material para vías de ferrocarril.

El gneis es una roca metamórfica fascinante con una estructura única y diversos usos. Su composición y propiedades lo convierten en una roca valiosa en diversas industrias, y su belleza lo convierte en un material de elección para la construcción. Por su durabilidad y propiedades decorativas, el gneis no es sólo una roca, sino una obra de arte creada por el tiempo y la presión.

Las rocas metamórficas son un recordatorio muy visible del poder de la naturaleza y de la capacidad de la Tierra para transformar lo que antes se creía que no era nada en algo bello y valioso. Los tipos de rocas metamórficas que se analizan en este capítulo se han convertido en un elemento básico en muchas industrias, ya que la gente ha encontrado formas de utilizar sus propiedades únicas. Desde la construcción hasta el paisajismo, estas rocas merecen reconocimiento y admiración. Con su increíble resistencia y belleza, no es de extrañar que las rocas metamórficas se hayan hecho tan populares.

Capítulo 5: Minerales y sistemas de cristales

Los minerales son sustancias extraordinarias que pueden adoptar muchas formas y tamaños. Lo que es aún más asombroso es su estructura subyacente, que los científicos llevan mucho tiempo estudiando en detalle. Los minerales siguen patrones organizados conocidos como sistemas cristalinos, cada uno con características únicas. Por ejemplo, el sistema cúbico tiene longitudes iguales en cada lado para formar un cubo perfecto, mientras que otros sistemas presentan formas menos perfectas, como hexágonos y prismas.

Tanto si está empezando a aprender como si ya es un experto en identificarlos, los minerales ofrecen algo que todo el mundo puede explorar a través de los sistemas cristalinos. En este capítulo se explica cómo se clasifican los minerales, los distintos tipos y sus sistemas cristalinos asociados. También se tratarán algunas de las propiedades de los minerales y cómo utilizarlas para su identificación. Al final, será capaz de observar un espécimen mineral e identificar su sistema cristalino.

Minerales y cristales

En cuanto a la geología y la mineralogía, los minerales y los cristales son los componentes básicos de todo lo que vemos a nuestro alrededor. Son los componentes naturales de la corteza terrestre y constituyen la base de los procesos geológicos. Los minerales presentan una gran variedad de estructuras y propiedades físicas, y su importancia en diversos campos, como las aplicaciones industriales, la medicina y la nanotecnología, no puede ser exagerada. En esta sección exploraremos el mundo de los minerales y los cristales y comprenderemos su importancia en la geología y la mineralogía.

Los minerales y su formación

Los minerales son sólidos inorgánicos naturales con una composición química definida y una estructura cristalina definida. Se forman a través de diversos procesos geológicos, como la precipitación de cristales a partir de lava fundida o soluciones de agua subterránea, una reacción química entre diferentes minerales y cambios metamórficos resultantes del calor y la presión. Entre las principales propiedades de los minerales se incluyen el color, la dureza, la división y el brillo, que ayudan a los geólogos a identificar y clasificar los minerales.

Tipos de cristales y sus propiedades

Los cristales son la estructura repetitiva de átomos de un mineral, lo que le confiere su forma y propiedades distintivas. Los distintos tipos de cristales presentan diferentes niveles de simetría y complejidad. Los siete sistemas cristalinos (cúbico, tetragonal, ortorrómbico, monoclínico, triclínico, hexagonal y romboédrico), se basan en la longitud axial y el ángulo de la estructura cristalina. Cada sistema tiene sus características particulares, como propiedades ópticas, magnéticas y piezoeléctricas.

Importancia de los minerales

Los minerales tienen una amplia gama de aplicaciones industriales, desde la fabricación de materiales como cerámica, vidrio y cemento hasta dispositivos electrónicos como transistores, baterías y superconductores. También son esenciales para tecnologías avanzadas como paneles solares, turbinas eólicas y baterías de vehículos eléctricos. Algunos minerales, como el oro, el hierro y el cobre, se han utilizado como moneda y han sido objeto de comercio durante miles de años.

Exploración y extracción de minerales

La exploración minera consiste en encontrar e identificar depósitos minerales en la corteza terrestre. Los geólogos utilizan diversas técnicas, como la cartografía geológica, el análisis geoquímico y la teledetección, para localizar minerales. Una vez descubiertos los yacimientos minerales, pueden explotarse, lo que implica extraer el mineral del suelo y procesarlo para extraer el mineral de interés. La minería puede tener importantes repercusiones en el medio ambiente, por lo que las prácticas mineras sostenibles son esenciales para minimizarlas.

Importancia de la conservación y la sostenibilidad

Dado el carácter finito de los recursos minerales, las prácticas mineras sostenibles son cada vez más esenciales para minimizar el impacto de la minería en el medio ambiente y las comunidades circundantes. Sin embargo, las prácticas de conservación son igualmente cruciales, ya que ayudan a preservar los recursos naturales de la Tierra y garantizan su disponibilidad para las generaciones futuras.

Los minerales y cristales son la base de la geología y la mineralogía, y su importancia en diversos campos no puede exagerarse. Comprender sus propiedades y estructuras es esencial para su identificación, clasificación y uso en una amplia gama de aplicaciones, al tiempo que se garantiza que las prácticas mineras sostenibles y los esfuerzos de conservación ayudarán a preservar estos recursos naturales para el futuro.

Tipos de minerales

Los minerales son elementos esenciales de la corteza de nuestro planeta, formados a lo largo de millones de años por diferentes procesos geológicos. Desempeñan un papel crucial en la formación de rocas, suelos y recursos naturales, además de ser vitales para nuestra salud y bienestar. Con más de 5.000 minerales identificados, hemos recopilado los ocho tipos principales de minerales que se encuentran habitualmente en la Tierra. Acompáñenos a descubrir las características únicas de cada mineral y su importancia en nuestra vida cotidiana.

1. **Silicatos:** Este tipo de mineral es el más abundante y flexible de todos los minerales, siendo el silicio y el oxígeno los componentes más destacados. Los silicatos constituyen más del 90% de la corteza terrestre, siendo el cuarzo el mineral más común. Se utilizan en una amplia gama de aplicaciones, como la construcción, la electrónica y los chips de silicio, y son esenciales para la salud humana.

2. **Óxidos:** Los óxidos combinan el oxígeno con metales como el hierro, el cobre y el aluminio para crear recursos valiosos como el mineral de hierro y el mineral de aluminio. Estos minerales son cruciales en industrias como la construcción y la fabricación. El óxido más común es el corindón, el mineral base de rubíes y zafiros. En la naturaleza, suele encontrarse en forma de polvo o

arena.

3. **Sulfatos:** Los sulfatos son minerales que contienen azufre, agua y metales como cobre, zinc y hierro. El yeso es un ejemplo de mineral sulfatado y se utiliza comúnmente en la industria de la construcción para crear yeso y paneles de yeso. Los minerales sulfatados también desempeñan un papel importante en la formación del suelo y la calidad del agua. El mineral de sulfato más común es la barita, que puede encontrarse en grandes yacimientos en todo el mundo. Además, se utiliza en una amplia gama de aplicaciones industriales.

4. **Sulfuros:** Los sulfuros son minerales que contienen azufre y metales como plomo, oro, plata y cobre. Estos minerales son la fuente primaria de muchos minerales metálicos, como el mineral de zinc y el mineral de cobre, y tienen un valor económico significativo. Aunque los sulfuros son esenciales para extraer metales valiosos, también pueden ser tóxicos y peligrosos para el medio ambiente. El mineral sulfurado más común es la pirita, también conocida como el oro de los tontos.

5. **Haluros:** Los haluros son minerales que se forman cuando elementos halógenos como el cloro, el flúor y el yodo se combinan con metales como el sodio, el potasio y el calcio. La halita o sal gema es un mineral halogenado habitual en la industria alimentaria y puede encontrarse en depósitos naturales de sal. Su alto contenido en cloro también se utiliza en procesos industriales como el tratamiento de aguas y la gestión de aguas residuales. El mineral de haluro más común es la fluorita, una valiosa fuente de flúor para la salud dental.

6. **Carbonatos:** Los carbonatos contienen carbono y oxígeno, y minerales como la calcita y la dolomita son los más comunes. Estos minerales son importantes en la formación de hábitats naturales como cuevas y arrecifes de coral, además de ser un ingrediente esencial del hormigón y el cemento. El mineral carbonatado más común es la calcita, que se compone de calcio y magnesio. Por su alto contenido en calcio, suele utilizarse como suplemento dietético en forma de piedra caliza. El mineral también se utiliza en la producción de mármol y vidrio.

7. **Fosfatos:** Los fosfatos son minerales que contienen fosfato y oxígeno, siendo la apatita el ejemplo más común. Los

fertilizantes fosfatados se utilizan mucho en la agricultura para potenciar el crecimiento de las plantas, y los minerales fosfatados también desempeñan un papel crucial en la formación de los huesos humanos. El fosfato también se utiliza en detergentes y dentífricos para ayudar a eliminar las manchas de comida. El mineral de fosfato más común es la monacita, que contiene elementos raros de la Tierra y se utiliza en la producción de productos electrónicos.

8. **Elementos nativos:** Los elementos nativos son minerales que existen de forma natural sin combinarse con otros elementos, como el oro, el platino y la plata. Estos minerales tienen un valor económico significativo en la industria de la joyería y se han utilizado ampliamente a lo largo de la historia como una forma de moneda. Algunos elementos nativos, como la plata y el oro, también se utilizan en electrónica y odontología. El elemento nativo más común es el cuarzo, compuesto de silicio y oxígeno. El cuarzo se utiliza a menudo en relojes y microchips.

El mundo de los minerales es fascinante y diverso, y desempeñan un papel esencial en nuestra vida cotidiana. Los ocho tipos principales de minerales ofrecen recursos cruciales que han dado forma a nuestra civilización, desde los materiales de construcción a los ingredientes alimentarios y desde la electrónica a la joyería. Comprender la importancia de los minerales y sus usos puede ayudarnos a apreciar su valor y a fomentar su uso sostenible. Cada día se descubren nuevos minerales, por lo que es de esperar que aprendamos más sobre las características únicas y la importancia de estos valiosos recursos.

Sistemas de cristales

Mirar y sostener cristales es fascinante. Desde su exquisita belleza hasta sus propiedades únicas, los cristales se han utilizado con fines decorativos y espirituales durante siglos. Una de las cosas que hace que los cristales sean tan intrigantes son las distintas formas en que pueden crecer y formarse. En esta sección exploraremos los seis tipos diferentes de sistemas cristalinos: isométrico, tetragonal, ortorrómbico, hexagonal, monoclínico y triclínico. ¡Entremos en materia!

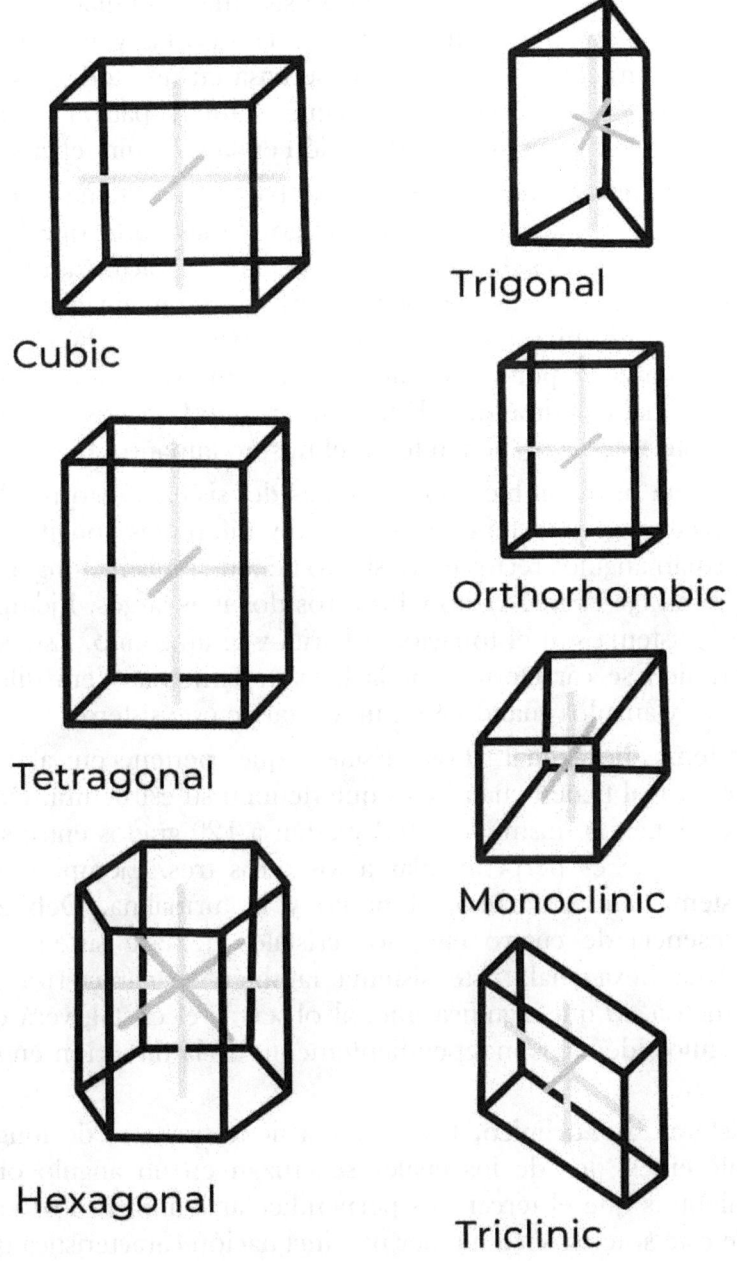

Los 6 principales sistemas de cristales

1. **Sistema isométrico.** El sistema isométrico, también conocido como sistema cúbico, se caracteriza por cristales con tres ejes que se cruzan a 90 grados, de igual longitud y perpendiculares entre

sí. El ejemplo más común de este sistema es el diamante. Otros ejemplos son la galena, la pirita, la fluorita y el granate. El funcionamiento de este sistema se basa en que todas las caras y ángulos son iguales. Verá un patrón idéntico independientemente de la dirección en la que mire el cristal.

2. **Sistema tetragonal.** Este sistema se parece al sistema isométrico, excepto en que un eje es más largo o más corto que los otros dos. Los cristales del sistema tetragonal se caracterizan por tener tres ejes, dos de ellos perpendiculares y uno inclinado. Ejemplos de este sistema son el circón, la casiterita y la calcopirita. Caracterizado por el alargamiento en una dirección, el sistema tetragonal es asimétrico. Esto significa que las caras de un cristal de este sistema no tienen todas el mismo tamaño.

3. **Sistema ortorrómbico.** Los cristales del sistema ortorrómbico se caracterizan por tener tres ejes de diferentes longitudes que forman ángulos rectos entre sí. No tienen la misma longitud, sino que un eje es más corto y los otros dos más largos. Ejemplos de este sistema son el topacio, la barita y el aragonito. Este sistema también se caracteriza por la falta de simetría. Verá diferentes caras y ángulos cuando mire un cristal de este sistema.

4. **Sistema hexagonal.** Los cristales que pertenecen al sistema hexagonal tienen cuatro ejes que definen su estructura. De ellos, tres tienen la misma longitud y están a 120 grados entre sí, y un cuarto eje es perpendicular a los otros tres. Ejemplos de este sistema son el cuarzo, el berilo y la turmalina. Debido a la presencia de cuatro ejes, los cristales de este sistema tienen forma hexagonal. Este sistema también se caracteriza por la simetría, lo que significa que, al observar el cristal, verá caras y ángulos idénticos independientemente de la dirección en que lo mire.

5. **Sistema monoclínico.** Este sistema tiene tres ejes de longitudes diferentes, dos de los cuales se cruzan en un ángulo oblicuo, mientras que el tercero es perpendicular a ambos. Los cristales de este sistema suelen tener una inclinación característica que los hace fácilmente identificables. Ejemplos de este sistema son el yeso, la azurita y la epidota. Este sistema tiene la característica distintiva de tener dos ejes de diferentes longitudes, dando a los cristales de este sistema una asimetría característica.

6. **Sistema triclínico.** Los cristales de este sistema son los más irregulares, con tres ejes de longitud desigual que se cruzan en ángulos oblicuos. A menudo se les llama *pinacoides* porque su forma irregular parece que ha sido pellizcada en la parte superior. Ejemplos de este sistema son los feldespatos, la cianita y la labradorita. Aparte de su forma asimétrica, los cristales de este sistema también se caracterizan por el hecho de que nunca dos caras del cristal serán paralelas. En otras palabras, todas las caras y ángulos del cristal en este sistema serán únicos.

Comprender los distintos sistemas cristalinos y cómo se forman es importante para cualquier persona interesada en trabajar o coleccionar cristales. Sabiendo a qué sistema pertenece un cristal, podemos entender mejor cómo puede formarse y qué propiedades puede poseer. Desde el sistema isométrico de los diamantes hasta el sistema triclínico de los feldespatos y la labradorita, cada tipo de sistema cristalino ofrece una forma única de entender la belleza y la magia de los cristales.

Propiedades de los minerales

Los minerales son los componentes básicos de la Tierra y conocer sus propiedades es vital para estudiar geología, mineralogía y gemología. Un mineral se define como un sólido inorgánico natural con una estructura cristalina y una composición química específica. Cada mineral posee un conjunto de propiedades exclusivas de su composición química y estructura cristalina. En esta sección se analizarán cuatro propiedades fundamentales de los minerales: dureza, diafanidad, clivaje y piezoelectricidad.

Dureza

La dureza de un mineral es su capacidad para resistir el rayado. La escala de dureza de Mohs, que debe su nombre al mineralogista alemán Friedrich Mohs, es el método más utilizado para medir la dureza de un mineral. La escala va del 1 al 10, siendo 1 el mineral más blando, el talco, y 10 el más duro, el diamante. Entre medias, minerales como el cuarzo, el feldespato y el topacio se sitúan en distintos niveles de dureza. La dureza es una propiedad esencial para la identificación de minerales, y esta información es crucial en campos como la minería y la exploración minera.

Diafanidad

La diafanidad se refiere a la capacidad de un mineral para transmitir la luz. Los minerales pueden clasificarse en transparentes, translúcidos u opacos. Los diamantes son un excelente ejemplo de mineral con alta diafanidad, ya que transmiten la mayor parte del espectro de luz visible. Los minerales translúcidos, como el ágata, dejan pasar algo de luz, mientras que los opacos, como la hematites, no. La diafanidad afecta al valor de un mineral, especialmente en la industria de las piedras preciosas, donde la transparencia y la claridad son muy codiciadas.

Clivaje

El clivaje es la tendencia de un mineral a romperse a lo largo de planos de debilidad, lo que deja un corte limpio en superficies lisas. El número y el ángulo de estos planos de debilidad son específicos de cada mineral. Por ejemplo, la mica tiene un clivaje perfecto, lo que significa que se rompe fácilmente a lo largo de láminas finas y planas. Por otro lado, el feldespato tiene dos planos de clivaje en ángulo recto, lo que da lugar a una forma de bloque cuando se rompe. Comprender el clivaje es fundamental para identificar un mineral, ya que puede proporcionar pistas sobre su estructura cristalina y su composición química.

Piezoelectricidad

La piezoelectricidad se refiere a la capacidad de un mineral de generar una carga eléctrica cuando se somete a una tensión mecánica, como la presión. Algunos minerales pueden producir un campo eléctrico cuando se someten a tensión, y viceversa, debido a la disposición asimétrica de los átomos en su estructura cristalina. El cuarzo es uno de esos minerales que presenta fuertes propiedades piezoeléctricas, lo que lo hace útil en dispositivos electrónicos como relojes y osciladores.

Comprender las propiedades de los minerales es crucial en muchos campos, desde la minería a la joyería. La dureza, la diafanidad, el clivaje y la piezoelectricidad son propiedades fundamentales a la hora de estudiar los minerales. Para los principiantes, el conocimiento de las propiedades de los minerales abre todo un mundo de maravillas, sobre todo al explorar los numerosos y bellos minerales que se encuentran en todo el mundo.

La magia de los minerales y los sistemas cristalinos

Si alguna vez le han fascinado la belleza y el misterio de los cristales y los minerales, seguro que no es el único. Durante miles de años, culturas de todo el mundo han venerado estas maravillas geológicas por sus propiedades místicas y curativas. Pero aparte de su encanto e intriga, los minerales y cristales también se utilizan como herramientas científicas para comprender la historia de la Tierra y sus procesos. ¡Adentrémonos en el mundo de los minerales y los sistemas cristalinos y descubramos la magia que se esconde tras estas asombrosas sustancias!

Propiedades estéticas

Uno de los aspectos más interesantes de los minerales y cristales es su capacidad para reflejar la luz. Esto se conoce como propiedades ópticas y puede revelar mucho sobre su estructura y composición. Una propiedad, conocida como birrefringencia, hace que los minerales dividan la luz en dos rayos, revelando patrones y colores asombrosos cuando se observan al microscopio. Otras propiedades, como la fluorescencia y la fosforescencia, hacen que los minerales emitan luz cuando se exponen a determinadas longitudes de onda, creando un efecto brillante que parece casi mágico.

Propiedades curativas

Aparte de sus propiedades estéticas, a muchos minerales y cristales también se les atribuyen propiedades curativas. Esta práctica, conocida como curación con cristales, se basa en la idea de que cada cristal emite una energía o vibración única que puede interactuar con el campo energético del cuerpo para promover el bienestar físico y emocional. Aunque aún no hay pruebas científicas que avalen esta práctica, muchas personas juran por los efectos transformadores de la sanación con cristales.

Los minerales y los sistemas cristalinos son entidades fascinantes que encierran un gran significado científico y cultural. Tanto si le atrae su belleza estética como sus propiedades metafísicas o su valor científico, es innegable la magia y la maravilla de estas asombrosas maravillas geológicas. Así que la próxima vez que se encuentre con un cristal brillante o un mineral único, dedique un momento a apreciar su belleza y todo lo que representa. ¿Quién sabe qué misterios y secretos puede esconder?

Capítulo 6: El cuarzo

Si le interesa la geología, seguramente habrá oído que el cuarzo es uno de los minerales más abundantes de la corteza terrestre. Se calcula que el cuarzo ocupa alrededor del 12% de la superficie terrestre. Pero ¿qué es exactamente el cuarzo? ¿dónde se encuentra y por qué es tan común? El cuarzo es un mineral compuesto por átomos de silicio y oxígeno cuya fórmula química es SiO_2. Existe en muchas variedades diferentes, como el cuarzo transparente, el cuarzo rosa, la amatista y el citrino, por nombrar algunas. En este capítulo exploraremos todo lo que necesita saber sobre este fascinante mineral. Al final, conocerá mejor el cuarzo y sus múltiples aplicaciones.

Un dato curioso: Los cristales de cuarzo pueden generar electricidad cuando se les aplica presión. Esto se conoce como efecto piezoeléctrico.

La abundancia del cuarzo

Entonces, ¿por qué es tan común el cuarzo? Una de las razones es que se forma en una amplia gama de condiciones. Es uno de los pocos minerales que puede formarse a todas las temperaturas y presiones dentro de la corteza terrestre. El cuarzo se forma más comúnmente en rocas ígneas y metamórficas, pero también se puede encontrar en rocas sedimentarias. Además, el cuarzo es resistente a la intemperie y la erosión, lo que significa que puede sobrevivir durante largos períodos y ser transportado largas distancias por el viento o el agua. Todos estos factores hacen que el cuarzo sea uno de los minerales más ampliamente distribuidos de la Tierra.

Otra razón para la abundancia del cuarzo son sus usos industriales. Las propiedades únicas del cuarzo, como su dureza, estabilidad química y piezoelectricidad, lo hacen útil en diversas industrias. Por ejemplo, el cuarzo se utiliza para fabricar vidrio, cerámica, semiconductores e incluso relojes. También se usa comúnmente como abrasivo en papel de lija y otros materiales.

El cuarzo se encuentra en todo el mundo, pero ciertas regiones son particularmente conocidas por su abundancia de cuarzo. Una de las más famosas son las montañas Ouachita en Arkansas, donde se pueden encontrar cristales de cuarzo transparentes de hasta un pie de largo. Brasil también es una importante fuente de cuarzo, con grandes depósitos de amatista y citrino. Otras áreas donde se puede encontrar cuarzo incluyen Madagascar, Namibia y los Alpes en Europa.

Cuarzo transparente: la piedra más versátil

El cuarzo transparente es una opción perfecta si busca una piedra versátil que añada belleza, equilibrio y armonía a su vida. Este cristal encantador es el mineral más común en la Tierra y se puede encontrar en diferentes lugares del mundo. El cuarzo transparente tiene una gran cantidad de beneficios maravillosos y es atesorado en el mundo de la metafísica. No es de extrañar que los espiritistas y sanadores de cristales de todo el mundo amen esta piedra.

Características

El cuarzo transparente es un cristal incoloro, transparente, de seis lados con una estructura similar a un prisma. Se le conoce como el "maestro sanador" y amplifica las vibraciones a su alrededor. El cuarzo transparente es un excelente conductor de energía. Por lo tanto, es una piedra que mejora la conciencia espiritual y la claridad de pensamiento. La energía del cuarzo transparente fomenta la claridad del pensamiento, la transformación espiritual y el bienestar general. También diluye la negatividad y la transmuta en energía positiva.

Estructura

Los cristales de cuarzo transparente tienen una estructura hexagonal, lo que significa que cada cara del cristal tiene seis lados. Debido a la consistencia de su simetría de seis lados, es fácil reconocer este cristal. Los cristales de cuarzo transparentes tienen átomos cuidadosamente dispuestos, formando una cuadrícula de celosía, que es la forma en que la energía vibratoria viaja a través de ellos. Los arreglos de cuadrícula reticular permiten que el cuarzo transparente almacene, transmita, amplifique y transforme energías.

Dureza

El cuarzo transparente tiene una calificación de dureza de 7 en la escala de dureza de Mohs, lo que lo hace bastante duradero. Esta escala va del uno al 10, siendo uno el más suave y 10 el más duro. La durabilidad del cuarzo transparente es esencial cuando se usa para el uso diario y es perfecto para hacer anillos, collares y otras joyas de cristal.

Maneras de identificarlo

El cuarzo transparente es relativamente fácil de identificar, ya que es transparente e incoloro. No es magnético y no conduce la electricidad, por lo que no interferirá con los imanes ni conducirá la electricidad. Cuando se sostiene bajo una luz brillante, el cuarzo transparente puede proyectar un arco iris de colores, lo que lo hace aún más cautivador.

Los cristales de cuarzo transparentes son un regalo extraordinario para la humanidad desde el vientre de la Tierra. Sus propiedades curativas lo hacen popular para el despertar espiritual y elevar las vibraciones. El cuarzo transparente es simple pero poderoso y puede ayudar en gran medida a la concentración y la claridad mental. En general, el amor del mundo por el cuarzo transparente no es sin razón, ya que es una piedra versátil en sus propiedades vibratorias, resistencia y belleza que la convierten en una de las piedras más queridas en el reino de cristal.

Cuarzo rosa: una piedra preciosa con muchos beneficios

El cuarzo rosa es una hermosa piedra semipreciosa que se encuentra en abundancia en todo el mundo. Tiene muchas cualidades que lo hacen muy buscado por su belleza y poderes curativos. Desde su encantador color rosa hasta su energía reconfortante, el cuarzo rosa es una piedra que se ha utilizado durante siglos de diversas maneras.

Cuarzo rosa

James St. John, CC BY 2.0 < https://creativecommons.org/licenses/by/2.0 >, via Wikimedia Commons https://commons.wikimedia.org/wiki/File:Rose_quartz_(32132819430).jpg

Características

El cuarzo rosa varía en color desde el rosa pálido hasta el rosa intenso. Su color proviene de trazas de titanio, hierro o manganeso. El tono más deseable es un color puro, ligeramente rosado, libre de tonos anaranjados o grises. Tiene un brillo vítreo o vítreo y es translúcido a opaco. La piedra es muy apreciada por su color, asociado con el amor y la pasión. A menudo se usa en joyería, especialmente en collares y pulseras.

Estructura

El cuarzo rosa es un miembro de la familia de minerales del cuarzo, que incluye otras piedras conocidas como la amatista, el citrino y el cuarzo ahumado. Es un mineral de dióxido de silicio, un sistema cristalino hexagonal y una terminación piramidal. Contiene pequeñas inclusiones de fibras o agujas rosadas, que le dan un aspecto único.

Dureza

El cuarzo rosa tiene una dureza de siete en la escala de Mohs, lo que significa que es relativamente duro y duradero. Se puede rayar con minerales más duros como el topacio, el zafiro y el diamante. Recuerde que, si bien el cuarzo rosa es duro, aún puede astillarse o dañarse si se expone al calor o la presión extremos.

Maneras de identificarlo

El color y la estructura son las formas en que se identifica esta piedra. Debe ser de color rosa pálido a intenso sin inclusiones grises o naranjas. También debe tener forma hexagonal y terminación piramidal. También puede usar una lupa para buscar inclusiones en la piedra. Vale la pena señalar que el cuarzo rosa sintético también está disponible en el mercado, por lo que comprar a un distribuidor de confianza es crucial.

Beneficios

El cuarzo rosa es conocido por abrir el corazón y sanar heridas emocionales. A menudo se usa en la meditación para promover el amor, la compasión y la paz. También se cree que tiene beneficios físicos, como mejorar la circulación, reducir las arrugas y aliviar los dolores de cabeza tensionales. El cuarzo rosa es una piedra versátil que puede ayudar a promover la salud emocional y física.

El cuarzo rosa es una hermosa piedra preciosa con muchos beneficios. Tiene un hermoso color rosa y una energía conmovedora que lo hacen muy apreciado en el mundo de la joyería. Su estructura hexagonal y su terminación piramidal hacen que sea fácil de identificar, y su dureza asegura que durará muchos años. Ya sea que esté buscando curación emocional o beneficios para la salud física, el cuarzo rosa es una piedra que puede ayudarlo a lograr sus objetivos.

La magia de la amatista

La amatista es una de las piedras más fascinantes conocidas por el hombre. Su color púrpura único y sus asociaciones espirituales le han dado un lugar especial en la historia mística como piedra decorativa y cristal curativo. Se pueden encontrar en todo el mundo, pero algunos de los especímenes más antiguos y venerados provienen del sur de Brasil, Uruguay, Madagascar y Zambia.

Amatista

James St. John, CC BY 2.0 <https://creativecommons.org/licenses/by/2.0 >, via Wikimedia Commons https://commons.wikimedia.org/wiki/File:Amethyst_(purple_quartz)_15.jpg

Características

La amatista pertenece al grupo de los minerales cuarzo. A veces se le llama la "Piedra del Espíritu" debido a sus propiedades espirituales y calmantes. El color puede variar desde el lila pálido hasta el púrpura intenso, y a menudo presenta una zonificación de color natural. La amatista es conocida por su alta pureza y no contiene inclusiones ni impurezas visibles. También es un mineral relativamente común, con depósitos considerables que se encuentran en todo el mundo.

Estructura

La amatista tiene un sistema cristalino trigonal, que forma prismas de seis lados con puntas puntiagudas. Tiene una estructura de celosía hexagonal en forma de prisma que le da su aspecto único e icónico. Esta estructura hace que sea fácil de identificar, y una vez que haya visto una, no tendrá problemas para reconocer la amatista nunca más.

Dureza

La dureza de la amatista es de siete en la escala de dureza de Mohs. Esto significa que es una piedra relativamente duradera que resistirá los arañazos y el desgaste normalmente. Sin embargo, sigue siendo vulnerable a los golpes más extremos y a los arañazos de los materiales más duros. Por lo tanto, si está buscando usar un anillo o colgante de amatista, lo mejor es evitar actividades que puedan ponerlo en riesgo.

Maneras de identificarla

Una de las formas más fáciles de identificar una amatista es por su color. Si ve un cristal púrpura que es translúcido u opaco, entonces vale la pena investigar más. Algunas otras características que debe buscar en una amatista incluyen su índice de refracción, birrefringencia y su pleocroísmo. La amatista también tiene una gravedad específica de 2,66, que se puede utilizar para distinguirla de otros minerales.

La amatista es una piedra hermosa y muy codiciada que ha fascinado a la gente durante siglos. Su color púrpura único y sus propiedades espirituales lo han convertido en una opción popular para la joyería, la decoración del hogar y la meditación. Con suerte, la exploración en profundidad de las características, la estructura, la dureza y las formas de identificarla de la amatista le han brindado una mayor comprensión y un nuevo respeto por esta increíble piedra. Si nunca antes ha tenido una amatista, tal vez sea hora de darse un capricho y experimentar su magia por sí mismo.

Cuarzo ahumado

¿Está buscando un cristal que pueda ayudarlo a mantenerse conectado a tierra y concentrado y, al mismo tiempo, brindarle protección? No busque más allá del cuarzo ahumado. Este hermoso cristal es conocido por su color único y sus poderosas propiedades. En esta sección, exploraremos las características, la estructura y la dureza del cuarzo ahumado y las formas de identificarlo. Al final, apreciará mejor los muchos beneficios de este cristal especial.

Cuarzo ahumado
Rob Lavinsky, CC BY 3.0 <https://creativecommons.org/licenses/by/3.0>, via Wikimedia Commons https://commons.wikimedia.org/wiki/File:Smoky-quartz-TUCQTZ09-03-arkenstone-irocks.png

Características

El cuarzo ahumado es una variedad de cuarzo macrocristalino que varía en color desde un gris claro hasta un marrón intenso y profundo. Su color proviene de la presencia de impurezas de aluminio en la estructura cristalina. El cuarzo ahumado es conocido por su transparencia y, a menudo, se encuentra en racimos o como cristales individuales. También se dice que tiene una poderosa energía de conexión a tierra.

Estructura

El cuarzo ahumado tiene un sistema cristalino hexagonal y está compuesto de dióxido de silicio. Su fórmula química es $SiO2$. La estructura cristalina del cuarzo ahumado está formada por la disposición ordenada de átomos y moléculas que componen la red cristalina. Este sistema cristalino es lo que le da al cuarzo ahumado sus propiedades y energía únicas.

Dureza

En la escala de Mohs de dureza mineral, el cuarzo ahumado tiene una calificación de siete. Esto significa que es relativamente duro y duradero, lo que lo hace adecuado para muchos usos diferentes. El cuarzo ahumado se usa a menudo en joyería debido a su belleza y durabilidad. También se utiliza en diversas aplicaciones industriales, como en óptica de alta precisión.

Maneras de identificarlo

El cuarzo ahumado se identifica por su color característico, transparencia y estructura cristalina. A menudo se encuentra en racimos o como cristales individuales. El cuarzo ahumado también se puede distinguir de otros tipos de cuarzo por su color gris parduzco y sus propiedades energéticas únicas. Cuando se sostiene, se dice que el cuarzo ahumado proporciona una sensación de calma y conexión a tierra.

Usos

El cuarzo ahumado tiene muchos usos diferentes, desde joyería hasta aplicaciones industriales. También se usa a menudo en la meditación para ayudar a promover una sensación de calma y concentración. También se cree que proporciona protección contra la energía negativa y conecta a tierra al usuario. El cuarzo ahumado también se utiliza en varias modalidades de curación, como la curación con cristales y el

Reiki.

El cuarzo ahumado es un cristal potente y versátil que ofrece muchos beneficios a sus usuarios. Desde su color y estructura únicos hasta sus poderosas propiedades energéticas, es una excelente opción para aquellos que buscan mantenerse con los pies en la tierra y concentrados y, al mismo tiempo, protegerse de la energía negativa. Ya sea que se use en joyería, meditación o curación, el cuarzo ahumado seguramente le brindará los beneficios que está buscando.

Diamante Herkimer: Una gema rara

El diamante Herkimer es un mineral único que se encuentra en el condado de Herkimer, Nueva York. Estas raras piedras preciosas no son diamantes, sino cristales de cuarzo que se asemejan a los diamantes. Se utilizan a menudo en joyería y se han hecho muy populares en los últimos años.

Diamante Herkimer

James St. John, CC BY 2.0 <https://creativecommons.org/licenses/by/2.0 >, via Wikimedia Commons *https://commons.wikimedia.org/wiki/File:Quartz_(%22Herkimer_Diamond%22)_(near_Herkimer,_New_York_State,_USA)_8.jpg*

Características

Una de las características más significativas del diamante Herkimer es su claridad. Estos cristales de cuarzo son conocidos por ser muy claros, y a menudo se encuentran en parejas con formas perfectamente simétricas. Los diamantes Herkimer son también de doble terminación, lo que significa que tienen dos terminaciones, o puntas, en cada extremo. Esta característica los hace únicos en comparación con otros cristales de cuarzo.

Estructura

La estructura del diamante Herkimer es una de las cosas que diferencian a este mineral de otros cristales de cuarzo. Tiene un sistema cristalino hexagonal y pertenece a la clase de cristales trigonales. La red cristalina del diamante Herkimer también es única porque es estructuralmente perfecta. La ausencia de cualquier inclusión o impureza los convierte en uno de los cristales más bellos de la naturaleza.

Dureza

El diamante Herkimer tiene una dureza de siete y medio a ocho en la escala de dureza de Mohs. Esto lo convierte en un mineral muy duradero y resistente a los arañazos. También significa que puede utilizarse en joyería para uso diario con un cuidado mínimo. La durabilidad del diamante Herkimer también lo convierte en una opción popular para aplicaciones industriales como los dispositivos ópticos.

Formas de identificación

Hay varias formas de identificar los diamantes Herkimer. La primera es su forma de doble terminación, única en comparación con otros cristales de cuarzo. Otra forma es la claridad del cristal. Los diamantes Herkimer son conocidos por su excelente transparencia y a menudo se utilizan como sustitutos de los diamantes. Por último, los diamantes Herkimer son específicos del condado de Herkimer en Nueva York. Por lo tanto, si usted descubre un cristal de cuarzo claro de doble terminación fuera de esta región, es poco probable que sea un diamante Herkimer.

El diamante Herkimer es un mineral único y raro con varias características que lo distinguen de otros cristales de cuarzo. Su claridad, estructura perfecta y forma de doble terminación lo convierten en una piedra preciosa muy codiciada para la fabricación de joyas. El hecho de que sea exclusiva de una sola región de Nueva York también aumenta su atractivo para los coleccionistas de rocas. Hay varias formas de identificar los diamantes Herkimer, como su característica doble terminación y su claridad cristalina. Si alguna vez tiene la oportunidad de poseer un diamante Herkimer, lo apreciará por su belleza, rareza e historia.

El resplandeciente mundo de la aventurina

La aventurina, de una belleza radiante, es una gema brillante que despierta los sentidos de todo aquel que la contempla. Tanto si es usted coleccionista de gemas como amante de la joyería, la aventurina es una gema irresistible por la que se sentirá atraído. Por sus características brillantes, su estructura y su dureza, la aventurina se ha convertido en una de las piedras preciosas más valoradas y codiciadas del mundo.

Aventurina
Mahdikarimi70, CC BY-SA 4.0 <https://creativecommons.org/licenses/by-sa/4.0>, via Wikimedia Commons
https://commons.wikimedia.org/wiki/File:%D8%B3%D9%86%DA%AF_%D8%AF%D9%84%D8%B1%D8%A8%D8%A7-Aventurine_01.jpg

Características

La aventurina pertenece a la familia del cuarzo y es conocida por su brillo resplandeciente y sus cautivadores destellos. La piedra se asemeja al mármol y tiene un brillante color arco iris. Esto se debe a que contiene pequeños trozos de fucsita o mica. Estos minerales refractan la luz, lo que confiere a la aventurina su brillo característico. Dependiendo del número de depósitos minerales, la aventurina se presenta en una gama de colores que incluye el verde, el amarillo, el naranja, el azul y el rojo. También es frecuente encontrarla con dibujos negros, grises y blancos.

Estructura

La estructura de la aventurina es cristalina y su retículo es hexagonal. Su forma de prisma de seis caras le confiere un aspecto geométrico distintivo que la hace fácilmente reconocible. La estructura reticular de la aventurina le confiere dureza y durabilidad, lo que la hace perfecta para tallar y crear joyas. La disposición hexagonal de los átomos confiere a la aventurina su resistencia, lo que significa que puede soportar el desgaste diario sin agrietarse ni romperse.

Dureza

La aventurina es una gema de dureza moderada, con una escala de dureza Mohs de seis y medio a siete. Sin embargo, su dureza puede variar ligeramente en función del color y la calidad de la piedra. Por ejemplo, la aventurina con más escamas de mica o depósitos minerales tiende a ser ligeramente más blanda que la que tiene menos depósitos. No obstante, la aventurina sigue siendo una de las piedras preciosas más duraderas de la familia del cuarzo.

Formas de identificación

Para reconocer con precisión la aventurina, hay que fijarse en su color único, inspeccionar la estructura de la piedra y calibrar su dureza. Su brillo y destello característicos indican que se trata de aventurina. Al mirarla al trasluz, también debe ser translúcida, con sus inclusiones internas y depósitos minerales visibles. Además, su densidad relativamente alta puede diferenciar la aventurina de las piedras de vidrio o plástico.

La aventurina es una piedra preciosa que añade un toque de brillo a cualquier joya o colección. Con su brillo resplandeciente, sus características únicas y su durabilidad, no es de extrañar que la aventurina se haya convertido en la elección favorita de los entusiastas de las gemas. Su estructura hexagonal enrejada y su entramado cristalino la hacen innovadora y adaptable. Además, las inclusiones y depósitos minerales tienden a darle un aspecto natural y orgánico. Al identificar una aventurina, fíjese en su brillo único y su estructura hexagonal. Si busca una piedra preciosa que posea un esplendor sin igual y una durabilidad notable, la aventurina es una elección perfecta.

Explorando el fascinante mundo del citrino

Si le gustan las piedras preciosas, seguro que ha oído hablar del citrino. Este cristal dorado es adorado por su belleza y sus propiedades curativas. Pero, ¿qué es exactamente el citrino? ¿De dónde procede? ¿Cómo se identifica? Desde las características del citrino hasta su estructura, pasando por las formas de identificarlo. Sumerjámonos en el fascinante mundo del citrino.

Citrino

https://pixabay.com/es/photos/citrino-cristal-roca-cuarzo-joya-1093454/

Características

El citrino, una popular variedad del cuarzo, es una gema de color amarillo a dorado anaranjado. El color único del citrino se debe al hierro presente en su estructura cristalina. Se encuentra en muchos países del mundo, como Brasil, Rusia, Madagascar y Estados Unidos. El citrino totalmente natural es poco frecuente, y la mayoría de los citrinos disponibles en el mercado se someten a tratamiento térmico para realzar su color. El citrino es conocido como la "piedra del mercader", ya que se cree que trae prosperidad y éxito.

Estructura

La estructura del citrino es similar a la de otras variedades de cuarzo. Tiene un sistema cristalino hexagonal y suele encontrarse en grupos de cristales, geodas y drusas. El citrino se distingue de otras gemas, como la amatista, el cuarzo ahumado y el topacio, por su color entre naranja y marrón. El citrino es conocido por su singular estructura reticular, que puede facilitar la concentración, aumentar la claridad mental y promover la paz interior.

Dureza

El citrino es un mineral duro, de dureza siete en la escala de Mohs, lo que significa que es relativamente duro y difícil de romper. Sin embargo, a pesar de su dureza, puede rayarse con minerales más duros como el diamante y el corindón. Por lo tanto, es aconsejable mantener el citrino alejado de materiales abrasivos que puedan rayarlo o dañarlo.

Formas de identificación

Identificar el citrino es relativamente fácil, ya que la gema se distingue por su color y estructura. Por su color y claridad, el citrino suele confundirse con el topacio o el berilo dorado. Sin embargo, se puede diferenciar el citrino de otras gemas examinando su estructura y color. El topacio suele tener una estructura cristalina diferente y es más transparente, mientras que el berilo dorado es un tono más claro de amarillo. Además, la presencia de inclusiones en el citrino lo distingue de otras piedras preciosas.

Usos

Además de adornar joyas, el citrino se utiliza mucho en prácticas de sanación energética. Entre sus propiedades curativas están la positividad, la autoestima y el equilibrio interior. El citrino también puede ser útil en prácticas de feng shui para atraer riqueza y abundancia a su vida. Si le interesa la meditación, la energía del citrino puede ayudarle a alcanzar una mayor conciencia espiritual.

En resumen, el citrino es una hermosa gema con propiedades distintivas que la diferencian de otros cristales. Tanto si es un entusiasta de la metafísica como un coleccionista de piedras preciosas, poseer un citrino puede ser una valiosa adición a su colección. No olvide manipular el citrino con cuidado y evitar exponerlo a condiciones adversas que puedan afectar a su belleza y propiedades. En general, se puede decir que el citrino es una gema fantástica con mucho que ofrecer, ¡así que añádala a su colección hoy mismo!

El cuarzo no sólo es interesante por su abundancia o sus usos industriales. Se ha valorado durante siglos por su belleza y sus propiedades metafísicas. Al cuarzo transparente, en particular, se le atribuyen propiedades curativas y la capacidad de mejorar la claridad mental y la concentración. El cuarzo rosa se utiliza para fomentar el amor y la compasión, mientras que la amatista ayuda al crecimiento espiritual y a aliviar el estrés. Puede que estas creencias no tengan respaldo científico, pero sin duda aumentan el atractivo de este fascinante mineral.

El cuarzo es un mineral increíblemente común e infinitamente fascinante. Las propiedades únicas del cuarzo y su amplia gama de usos lo convierten en una parte importante de nuestra vida cotidiana, nos demos cuenta o no. Así que la próxima vez que se encuentre con un cristal de cuarzo o una pieza de joyería de cuarzo, tómese un momento para apreciar la belleza y la maravilla de este asombroso mineral.

Capítulo 7: Calcedonias y ágatas

Las ágatas y la calcedonia son piedras asombrosas apreciadas desde hace siglos. Ambas clases de rocas forman parte de una familia mayor, la del majestuoso cuarzo. Aunque las ágatas y las calcedonias son similares, cada una tiene su encanto y atractivo únicos. El ágata es una hermosa piedra bandeada, a menudo con cautivadores remolinos o dibujos. Por otro lado, la calcedonia suele ser de un color sólido, que va desde un rosa casi pastel a un azul oscuro intenso. A pesar de tener características diferentes, ambas piedras son muy codiciadas.

Los joyeros valoran la durabilidad y las interesantes características que aportan a accesorios y obras de arte. Con elementos naturales tan impresionantes con los que trabajar, no es de extrañar que la gente haya disfrutado durante tanto tiempo de gemas como el ágata y la calcedonia. En este capítulo se ofrece una introducción a las dos piedras, sus propiedades, ejemplos de ambos tipos y consejos sobre cómo cuidarlas. Al final, ¡se habrá convertido en un experto en ágatas y calcedonias!

Introducción a las calcedonias

La calcedonia es una de las gemas más impresionantes del mundo de la joyería. La piedra preciosa viene en diferentes variaciones de colores, incluyendo azul, blanco, gris, rosa y melocotón. Es popular por sus diversas propiedades curativas, que la convierten en una excelente adición a cualquier régimen de curación con cristales.

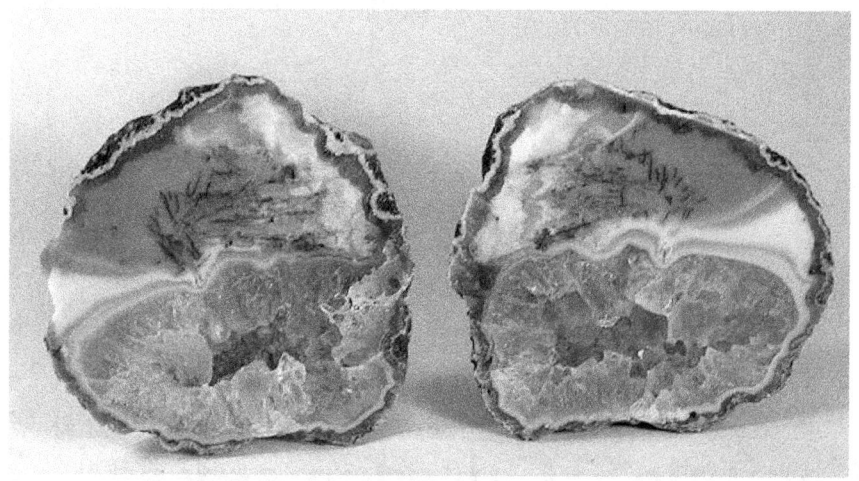

Calcedonia
Rob Lavinsky, iRocks.com – CC-BY-SA-3.0, CC BY-SA 3.0
<*https://creativecommons.org/licenses/by-sa/3.0* >, *via Wikimedia Commons*
https://commons.wikimedia.org/wiki/File:Chalcedony-121273.jpg

¿Qué es la calcedonia?

La calcedonia es un mineral que pertenece a la familia del cuarzo y está formado por cristales microscópicos. Generalmente se encuentra en el interior de rocas volcánicas, y sus variaciones de color dependen de los minerales que contenga el entorno de su formación. Se considera uno de los minerales más antiguos utilizados con fines decorativos y ha sido una piedra preciosa muy popular a lo largo de la historia.

Propiedades de la calcedonia

1. **Color:** La calcedonia se presenta en varios colores, como azul, blanco, gris, rosa y melocotón. La calcedonia azul es la más popular. Es un color hermoso, sereno y tranquilizador que ayuda a aportar paz y calma a quien lo lleva.

2. **Dureza y durabilidad:** La calcedonia tiene una dureza de seis a siete en la escala de Mohs, lo que la convierte en una gema relativamente duradera. Es esencial tener en cuenta que la piedra preciosa puede fracturarse con facilidad, por lo que es importante manipularla con cuidado.

3. **Bandas:** La calcedonia en bandas es una hermosa variante de la piedra preciosa que presenta patrones y remolinos únicos. Estos patrones se producen cuando la calcedonia se forma junto a otro mineral, creando líneas y remolinos de color dentro de la piedra.

4. **Propiedades curativas:** La calcedonia es conocida por sus propiedades curativas, por lo que es una excelente opción para cualquier persona que busque el equilibrio emocional, la paz y la tranquilidad. Se cree que esta gema ayuda a superar los sentimientos de inferioridad y hace aflorar la fuerza interior y la confianza de quien la lleva. Además, se cree que la calcedonia aporta beneficios físicos como la mejora de la salud intestinal y la circulación sanguínea.
5. **Propiedades metafísicas:** En el mundo de la espiritualidad, la calcedonia se asocia con el chakra de la garganta, que rige la comunicación y la autoexpresión. Se cree que esta gema ayuda a quien la lleva a decir su verdad, mejorar sus habilidades comunicativas y eliminar el miedo y la ansiedad asociados a hablar en público.

Tipos de calcedonia

La calcedonia, con sus bellas y especiales características, es realmente uno de los minerales más fascinantes que existen. Este tipo de mineral pertenece a la familia del cuarzo y puede presentarse en varios tipos. Una de las características más asombrosas de la calcedonia es que puede presentarse en una amplia gama de colores, cada uno con propiedades únicas. En esta sección exploraremos algunos de los tipos más populares de gemas de calcedonia. Desde la cornalina hasta el ónice, le invitamos a descubrir estos maravillosos tipos de calcedonia.

A. Cornalina

La cornalina es un precioso mineral de color entre naranja y marrón rojizo. Es una piedra semipreciosa y una de las variedades de calcedonia más buscadas. Su característico color marrón rojizo se debe a la presencia de óxido de hierro en el mineral. Entre sus propiedades destacan la fuerza interior, el valor y la creatividad. Al llevar cornalina, las personas pueden aprovechar su intuición natural y manifestar sus deseos con mayor facilidad. Se sabe que activa los chakras segundo y tercero, lo que aumenta la vitalidad física y mental, renueva la energía, incrementa la creatividad y mejora la autoestima.

B. Crisoprasa

La crisoprasa tiene un delicado color verde que recuerda al follaje fresco de la primavera. Es conocida por sus propiedades curativas y se considera una poderosa piedra limpiadora. Llevar crisoprasa puede ayudarle a liberarse de pensamientos y emociones negativas y a enraizar su viaje espiritual. La energía curativa de la crisoprasa también puede recargar su campo energético, atrayendo abundancia, prosperidad y buena suerte.

C. Heliotropo

El heliotropo, también conocido como piedra de sangre, es un llamativo mineral verde con vetas rojas que pueden recordar a una salpicadura de sangre. Se considera una poderosa piedra curativa, que ayuda a purificar la sangre y relajar la mente. También es una piedra popular para quienes intentan superar dolores emocionales como la tristeza, el estrés y la ansiedad. El heliotropo puede equilibrar las emociones y promover la paz interior.

D. Calcedonia cromada

Una de las variedades más singulares de calcedonia es la calcedonia cromada. Tiene un impresionante color verde y puede ser transparente o translúcida. Entre sus propiedades está la de calmar la mente y aumentar la intuición y el equilibrio emocional. Al llevarla, uno puede sentir cómo se abre su chakra del tercer ojo y cómo su centro emocional se alinea con su viaje espiritual. Puede ayudar a liberar traumas emocionales del pasado y aportar claridad y concentración al presente.

E. Ojo de tigre

El ojo de tigre es de un intenso color marrón dorado con vetas amarillas y rojas. Es una piedra poderosa que aumenta la confianza y la autoestima y puede ayudar a alcanzar el éxito en la vida personal o profesional. Sus propiedades incluyen un efecto calmante de la mente que equilibra emociones negativas como la ansiedad y la inseguridad. El ojo de tigre es una piedra práctica que puede ayudar a manifestar los objetivos deseados de quien la lleva.

F. Jaspe

El jaspe puede presentarse en varios colores, cada uno con propiedades únicas. Se considera una piedra estabilizadora que puede ayudar a equilibrar los aspectos físico, emocional y espiritual. Al llevarlo, el jaspe transmite una energía nutritiva que fomenta el confort y la seguridad. Puede ayudar a liberar bloqueos energéticos, fomentando la positividad y atrayendo la abundancia a la vida.

G. Ónix

El ónix es un mineral negro de acabado brillante. Representa la fuerza, la protección y la confianza en uno mismo. Se dice que ayuda a controlar y concentrar la energía y a liberar emociones negativas como la ansiedad, la depresión y la ira. Llevar ónix puede dar fuerza en situaciones de estrés mental o físico, por lo que es una elección popular entre quienes trabajan en entornos de ritmo rápido o de mucho estrés.

Los distintos tipos de calcedonia son bellos y significativos a su manera. Cada piedra tiene propiedades que pueden ayudar a mejorar la energía y el bienestar. Cornalina, crisoprasa, heliotropo, calcedonia cromada, ojo de tigre, jaspe y ónix son sólo algunos de los muchos tipos de calcedonia. Tómese su tiempo para descubrir cuál resuena con usted y le ayuda en su viaje espiritual. Recuerde que la calcedonia tiene algo que ofrecer a todo el mundo, lo que la convierte en un mineral atemporal y esencial que explorar.

El maravilloso mundo de las ágatas

Las ágatas son unos de los cristales más impresionantes, coloridos e intrigantes. Puede que haya oído hablar de ellas antes, o puede que no. Pero, ¿se ha preguntado alguna vez qué son estas rocas y cómo se forman? Pues bien, esta sección le introducirá en el encantador mundo de las ágatas, desde sus propiedades básicas hasta sus intrincadas formaciones y cómo son atesoradas por coleccionistas, fabricantes de joyas y entusiastas de la geología.

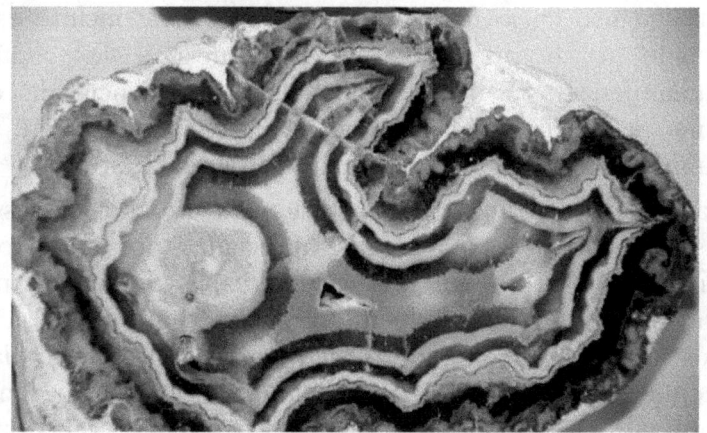

Ágata

James St. John, CC BY 2.0 <https://creativecommons.org/licenses/by/2.0>, via Wikimedia Commons
https://commons.wikimedia.org/wiki/File:Agate_(Adrasman_City,_Tajikistan)_(32755918215).jpg

¿Qué es un ágata?

Las ágatas son un tipo de mineral calcedonia, que se compone de cuarzo microcristalino formado a partir de rocas volcánicas o sedimentarias. Este mineral esconde muchos secretos que confieren a cada ágata su personalidad única, desde llamativas bandas de colores, sutiles tonalidades o incluso variaciones translúcidas u opacas. Los diseños coloridos y detallados de las rocas proceden de minerales como el hierro, el manganeso y el sílice. Estos minerales penetran en la roca a través de pequeños agujeros y grietas. La mezcla de estos minerales crea un entramado de bandas u otras formas de inclusiones que hacen que cada ágata sea única.

Propiedades de las ágatas

1. **Color:** Las ágatas presentan una amplia gama de colores, desde rojos, naranjas y amarillos ardientes a verdes, azules y morados serenos, pasando por grises, blancos y marrones sutiles. Algunas ágatas son de color sólido, mientras que otras muestran intrincados dibujos que recuerdan paisajes, ojos, marinas y muchos más. Los expertos lapidarios y joyeros suelen utilizar el color y los dibujos de las ágatas para crear piezas asombrosas que resaltan la belleza natural de estas piedras.

2. **Dureza y durabilidad:** Las ágatas son minerales relativamente duros, con una clasificación de seis y medio a siete en la escala de dureza de Mohs. Esto las convierte en una elección popular para su uso en joyería, objetos decorativos e incluso esculturas debido a su durabilidad y resistencia a los arañazos o astillamientos. También tienen una gran resistencia a la corrosión química, lo que las hace ideales para su uso en aparatos químicos, como tubos de ensayo, matraces y morteros.

3. **Bandas:** El bandeado de las ágatas es uno de los rasgos más distintivos que las hacen tan apreciadas por coleccionistas y aficionados. Se trata de una serie de capas alternas de minerales que crean un dibujo ondulado o rectilíneo que atraviesa el ágata. Los patrones pueden ser asimétricos, simétricos o radiales, y a menudo se asemejan a paisajes naturales, olas u otros fenómenos naturales. A veces, inclusiones más pequeñas, como un "ojo" o una "hinchazón" (donde quedaron atrapadas burbujas de gas durante la formación del ágata), rompen el dibujo en algunos

lugares.
4. **Variedades:** Hay muchos tipos de ágatas, cada uno con sus propias propiedades, colores y diseños. Algunos de los tipos más populares son el ágata de fuego, que muestra una brillante gama de tonos naranjas y rojos; el ágata de encaje azul, conocida por su delicado diseño de encaje entre azul y blanco; y la de Botsuana, que presenta un marcado bandeado entre gris y gris más oscuro. Otros tipos notables de ágatas son el encaje loco y el paisaje. Las ágatas penacho también son impresionantes y codiciadas por coleccionistas y aficionados.

Tipos de ágatas

Si es usted un amante de las piedras preciosas o un creyente en las propiedades curativas de los cristales, es posible que ya esté familiarizado con la mística ágata. Este mineral único es muy popular por sus ricos colores, intrincados dibujos y propiedades metafísicas. Pero, ¿sabía que hay varios tipos de ágata con características y significados distintos?

A. Ágata encaje azul

El ágata encaje azul es una impresionante variedad de ágata que se caracteriza por su delicado patrón de rayas azules y blancas. Este cristal es venerado por su energía calmante y edificante, que ayuda a aliviar el estrés, la ansiedad y la agitación emocional. También se cree que el ágata azul mejora la comunicación, la claridad y la creatividad, por lo que es una piedra ideal para artistas, escritores y oradores. Este cristal se utiliza a menudo en la meditación, la curación espiritual y el equilibrio de los chakras, ya que puede ayudar a calmar la mente y promover la paz interior.

B. Ágata de fuego

El ágata de fuego es una fascinante variedad de ágata que muestra una iridiscencia similar a la del arco iris y un brillo ardiente. Este cristal es conocido por sus propiedades enraizantes y protectoras, que ayudan a estabilizar la energía, fomentar el valor y alejar las energías negativas. El ágata de fuego también se considera una piedra de creatividad y manifestación que puede ayudar a amplificar los deseos y hacer realidad los sueños. Este cristal es popular entre joyeros y coleccionistas de cristales por su aspecto único y su poderosa energía.

C. Ágata musgosa

El ágata musgo es una variedad distintiva de ágata con hermosos patrones verdes parecidos al musgo en su superficie. Este cristal es muy apreciado por su conexión con la naturaleza y su capacidad para promover el crecimiento, la abundancia y la armonía. Se cree que el ágata musgo facilita la comunicación con plantas y animales, ya que encarna el espíritu del mundo natural. Este cristal es popular entre jardineros, ecologistas y entusiastas de las actividades al aire libre que buscan alinearse con la energía de la Tierra y fomentar el equilibrio ecológico.

D. Ágata dendrítica

El ágata dendrítica es una cautivadora variedad de ágatas con exclusivas inclusiones dendríticas marrones o negras que recuerdan a helechos, árboles u otras formas orgánicas. Este cristal simboliza el crecimiento, la estabilidad y el equilibrio, ya que encarna la esencia del poder creativo de la naturaleza. El ágata dendrítica se utiliza a menudo para mejorar la visualización, la intuición y la conexión con el mundo natural. Este cristal es ideal para los amantes de la naturaleza, los sanadores y los ecologistas que buscan promover la curación personal y planetaria.

Ágatas vs. Calcedonias: ¿En qué se diferencian?

Las ágatas y las calcedonias pueden confundirse fácilmente. Ambas son asombrosamente bellas y tienen colores impresionantes, pero ¿qué las diferencia exactamente? Entender la diferencia entre estas dos gemas puede ayudarle a elegir la perfecta para su colección.

Diferencias en la estructura

Una de las principales diferencias entre ágatas y calcedonias es su estructura interna. Las ágatas tienen un patrón de bandas distintivo que se debe a la deposición de minerales en capas o anillos alrededor de las paredes de la cavidad hueca donde se formó la piedra. Las calcedonias, en cambio, no presentan este patrón de bandas, pero suelen tener estructuras microcristalinas que crean una superficie cerosa.

Variaciones de color

Las ágatas y las calcedonias se presentan en una amplia gama de colores, pero los colores y patrones de cada piedra difieren. Las ágatas tienen distintos dibujos, como marcas en forma de ojo, rayas y anillos concéntricos de distintos colores, desde marrones y verdes terrosos hasta rojos, azules y morados intensos. En cambio, las calcedonias suelen ser de colores sólidos, como el azul claro, el gris y el blanco.

Diferentes usos

Las ágatas se utilizan a menudo para abalorios, cantos rodados y gemas talladas en cabujón por sus características bandas de colores. También se emplean en artículos decorativos como sujetalibros, posavasos y jarrones. Las calcedonias se utilizan a menudo para tallas, camafeos y calcomanías por su estructura densa y su brillo ceroso. También se utilizan para cuentas, colgantes y otras piezas de joyería.

El cuidado de las calcedonias y las ágatas

Cuidar las calcedonias y las ágatas es tan sencillo como gratificante. Lo más importante es mantenerlas limpias para que conserven sus colores y dibujos únicos. Lo más seguro es limpiarlas con un paño suave y húmedo, ya que los detergentes fuertes pueden dañarlas. Evite utilizar cualquier tipo de exposición química, como soluciones de limpieza o limpiadores de vapor, cuando cuide su colección. Cuando las guarde, asegúrese de mantenerlas en un lugar fresco y seco, lejos de la luz solar directa, para proteger la belleza de estas piedras preciosas. Siempre que lleve joyas que contengan ágatas o calcedonias, asegúrese de quitárselas antes de participar en actividades que puedan resultar demasiado agotadoras para los delicados metales utilizados en los engarces. Seguir estos pocos pasos es todo lo que se necesita para que estas gemas, que presumen de una increíble variedad de colores y brillo, duren muchos años.

La calcedonia es una piedra preciosa impresionante, rica en belleza y poder curativo. Tanto si busca equilibrio emocional, fortaleza personal o una forma de mejorar su bienestar general, hay mucho que ganar con esta piedra preciosa. Con tantas variaciones y beneficios, no es de extrañar que las calcedonias hayan seguido siendo una opción popular entre los entusiastas de la joyería a lo largo de la historia. Así pues, si busca una piedra preciosa que sea tan bella como beneficiosa, la calcedonia es sin duda la elección perfecta para usted.

El ágata es un mineral fascinante que presenta una gran variedad de diseños, colores y propiedades metafísicas. Tanto si le atrae la energía calmante del ágata encaje azul, la energía protectora del ágata de fuego, la energía armonizadora del ágata musgo o la energía orientada al crecimiento del ágata dendrítica, hay una variedad de ágata que puede satisfacer sus necesidades y mejorar su vida. Así que, la próxima vez que se encuentre con una piedra de ágata o una pieza de joyería de ágata, mírela de cerca e intenta descubrir su tipo y significado. Quién sabe, puede que encuentre el cristal perfecto para apoyar su viaje espiritual y su crecimiento personal.

Capítulo 8: Piedras preciosas

Las piedras preciosas se han atesorado desde la antigüedad y son admiradas tanto por sus deslumbrantes colores como por su rareza. A lo largo de los siglos, estas gemas han sido un símbolo de estatus, se han intercambiado como regalos de amor o se han llevado para atraer la buena suerte. Tanto si aprecia la belleza de un profundo zafiro azul, un alegre topacio amarillo o un elegante diamante rosa, hay algo intemporal y mágico en las piedras preciosas que sigue cautivándonos hoy en día. Su lujoso encanto las convierte en objetos deseables que merecen la pena invertir en cualquier colección de joyas.

En este capítulo hablaremos de las cuatro piedras preciosas. Se tratarán sus características, cómo identificarlas y las técnicas de extracción y pulido. Por último, se explicará por qué estas piedras son tan preciosas. Al final de este capítulo, comprenderá mejor estas gemas raras y valiosas.

Piedras preciosas: El resplandeciente mundo de la elegancia

Las piedras preciosas han formado parte de la civilización humana durante siglos. Desde la realeza hasta los plebeyos, todos han sentido fascinación por las piedras preciosas. Estos coloridos, brillantes y finísimos ejemplos de la Madre Naturaleza simbolizan la elegancia, el lujo y el estatus. Cada piedra preciosa tiene su belleza, su origen y su significado cultural.

Origen de las piedras preciosas

Las piedras preciosas se forman en las profundidades de la Tierra, bajo una presión y un calor extremos durante millones de años. Cada piedra preciosa tiene una historia de origen única. Por ejemplo, las esmeraldas se forman en las rocas metamórficas de Colombia, mientras que los zafiros proceden de los depósitos aluviales de Sri Lanka. La rareza y el origen de las piedras preciosas determinan su valor.

Clasificación de las piedras preciosas

Las piedras preciosas se clasifican según su composición química y sus propiedades ópticas. Las cuatro categorías de piedras preciosas son diamantes, esmeraldas, rubíes y zafiros. Otras piedras preciosas, como la turquesa, la amatista y el granate, se consideran semipreciosas, pero tienen un valor significativo en la industria joyera.

Significado de las piedras preciosas

Las piedras preciosas tienen un significado cultural y se consideran una expresión de la personalidad. Por ejemplo, los zafiros se consideran símbolo de sabiduría, lealtad y verdad. Del mismo modo, los rubíes representan el valor y la pasión, las esmeraldas la fertilidad y la prosperidad, y los diamantes el amor y el compromiso. Las piedras preciosas también se asocian a propiedades astrológicas y se les atribuyen poderes curativos.

Precio de las piedras preciosas

El precio de una piedra preciosa depende de varios factores, como su rareza, su calidad, su tamaño y su procedencia. Los diamantes son las piedras preciosas más caras y valiosas, seguidas de las esmeraldas, los zafiros y los rubíes. La calidad de una piedra preciosa se juzga en función de las cuatro C: talla, claridad, quilates y color.

Cuidado de las piedras preciosas

Las piedras preciosas son delicadas y requieren un cuidado adecuado para mantener su brillo y valor. El calor, los productos químicos o una manipulación brusca pueden dañarlas. Es crucial guardarlas en un lugar fresco y seco y evitar llevarlas puestas durante actividades extenuantes como el ejercicio, la natación o la jardinería. La limpieza y el mantenimiento periódicos son esenciales para que las gemas conserven su mejor aspecto.

Esmeraldas: la piedra preciosa de la realeza

Las esmeraldas son conocidas desde hace siglos como una de las piedras preciosas más exquisitas y codiciadas. La vitalidad de su color verde rinde homenaje a la vida, la naturaleza y el crecimiento. Llevar una esmeralda puede aportar felicidad, paz y prosperidad. En esta sección hablaremos de las características y la identificación de las esmeraldas para que pueda comprender y apreciar el valor y el lujo de poseerlas.

Características

Las esmeraldas pertenecen a la familia de los berilos y se caracterizan por su vivo color verde, su transparencia y su brillo. El color de las esmeraldas se debe a la presencia de iones de cromo en ellas. Estas piedras pueden tener inclusiones visibles llamadas "jardin", que en francés significa *jardín*, y pueden verse como formaciones parecidas al musgo dentro de la gema. Las inclusiones no disminuyen necesariamente la belleza de la esmeralda, ya que pueden realzar su carácter único.

Identificación

Identificar una piedra preciosa esmeralda requiere un poco de experiencia y conocimientos técnicos. A continuación se indican algunas formas comunes de identificar una piedra esmeralda:

1. **Color:** Las esmeraldas son conocidas por su marcado color verde. Sin embargo, no es simplemente verde, así que asegúrese de buscar su tono, saturación y matices. El color más buscado es un verde intenso con toques de azul.
2. **Claridad:** Las inclusiones son típicas en las esmeraldas, pero asegúrese de que no sean demasiado prominentes para que se vean a simple vista. Los profesionales pueden utilizar lupas para observar la claridad de la gema.
3. **Talla:** Las esmeraldas son delicadas, por lo que deben tallarse para realzar su belleza natural. La talla esmeralda es la más habitual, ya que revela la claridad de la piedra y le confiere un aspecto distinguido y elegante.
4. **Quilate:** Una esmeralda se mide en quilates, con buena calidad, y una esmeralda más pequeña vale más que una piedra más grande y de calidad inferior. Tenga en cuenta el peso en quilates, el color, la claridad y la talla a la hora de comprar una esmeralda.

Las esmeraldas han sido admiradas durante mucho tiempo por la realeza y siguen considerándose una de las piedras preciosas más valiosas. Su belleza, rareza y significado son innegables. Si tiene intención de comprar una esmeralda, sea prudente y busque asesoramiento profesional para asegurarse de la autenticidad de la piedra. Poseer una esmeralda realza el aura y aporta a quien la lleva felicidad, paz y prosperidad.

Diamantes

Los diamantes han simbolizado el amor y la devoción durante siglos, y es fácil entender por qué. Su deslumbrante brillo, durabilidad y rareza los convierten en una de las piedras preciosas más codiciadas del mundo. Pero, ¿qué es exactamente lo que hace que un diamante sea tan especial? Exploremos las características y la identificación de los diamantes, para que pueda aprender todo lo que necesita saber sobre estas impresionantes piedras preciosas.

Características de los diamantes

Los diamantes se crean en el manto terrestre bajo una presión y un calor extremos y están formados por un único elemento: el carbono. Son la sustancia natural más dura de la Tierra, por lo que son muy resistentes al rayado y la rotura. Además, los diamantes tienen una capacidad única para refractar la luz, lo que les confiere su brillo y fuego característicos.

Cómo identificar un diamante

Para identificar un diamante hay que tener en cuenta algunas características fundamentales. Las "cuatro Cs" (peso del quilate, corte, color, y claridad) son lo primero. El "peso en quilates" se refiere al peso del diamante; un quilate equivale a 0,2 gramos. El término "talla" describe cómo se ha tallado el diamante e influye significativamente en su valor y brillo. El color del diamante describe su aspecto incoloro o amarillo, siendo los diamantes perfectamente incoloros los más caros. La presencia de imperfecciones o defectos en el diamante se denomina claridad; un menor número de inclusiones se traduce en un mayor valor.

Además de las cuatro C, hay otras formas de identificar los diamantes. Una de ellas es utilizar una lupa, una lente de aumento especializada que permite ver el diamante de cerca. También puede utilizar un comprobador de diamantes, que utiliza la conductividad térmica para comprobar si una piedra preciosa es un diamante auténtico.

Sin embargo, la mejor manera de asegurarse de que se trata de un diamante auténtico es comprarlo a un joyero de confianza que haya certificado su autenticidad.

No todos los diamantes son iguales. Algunos diamantes son tratados con calor o radiación para mejorar su color o claridad, lo que puede afectar a su valor. Además, los diamantes pueden proceder de fuentes éticas o de zonas en conflicto, por lo que es fundamental investigar y comprar a un joyero que obtenga sus diamantes de forma responsable.

Los diamantes son piedras preciosas realmente especiales, con características únicas y una rica historia. Conocer las cuatro C y otros métodos de identificación puede ayudarle a asegurarse de que adquiere un diamante de alta calidad. Y cuando compre un diamante, elija siempre un joyero de confianza que lo obtenga de forma ética. Con estos conocimientos, ya está preparado para explorar el mundo de los diamantes y encontrar la joya perfecta que atesorará durante años.

Rubíes

El rubí es una de las piedras preciosas más codiciadas del mundo. Una piedra preciosa ardiente, apasionada y cautivadora en todos los sentidos. Los rubíes han sido apreciados por su vibrante color, su rareza y su historia durante miles de años. Desde la realeza hasta los plebeyos, los rubíes siempre han sido venerados y codiciados.

Características

Los rubíes son conocidos sobre todo por su llamativo color rojo. Pero no todos los rubíes son iguales. El color de los rubíes puede variar desde el rojo intenso al rojo rosado e incluso al rojo púrpura. El color de los rubíes se debe a la presencia de cromo en su estructura cristalina. Cuanto más cromo, más profundo y rico es el color rojo del rubí.

Identificación de los rubíes

Los rubíes son una de las piedras preciosas más duras y muy resistentes. Ocupan el noveno lugar en la escala de dureza de Mohs, lo que indica su gran resistencia. Esto hace que los rubíes sean perfectos para la joyería de uso diario, incluidos los anillos de compromiso u otras piezas de uso frecuente. Los rubíes suelen encontrarse en rocas metamórficas, pero también pueden hallarse en rocas sedimentarias o ígneas.

Significado

¿Sabía que los rubíes tienen una rica historia? El primer rubí del que se tiene constancia se remonta a la antigua India, donde se utilizaban como talismanes para ahuyentar a los malos espíritus. Hoy en día se siguen considerando un símbolo de amor y pasión, y suelen regalarse en ocasiones románticas como aniversarios, San Valentín o regalos de compromiso. Además, a lo largo de la historia, los rubíes se han asociado con la prosperidad, la paz y el poder.

Los rubíes también son increíblemente raros, y su escasez es otra de las razones de su alto valor. En la actualidad, el suministro más importante procede de Birmania, Sri Lanka y Tailandia. Sin embargo, hay que tener en cuenta que no todos los rubíes son naturales. Muchos se crean en laboratorios, y puede ser difícil distinguir entre rubíes naturales y de laboratorio. El rubí sintético se fabrica para que sea igual que el natural y tiene una claridad excelente, por lo que algunas personas lo prefieren a los rubíes naturales porque no es tan caro.

Zafiros: La belleza intemporal

Cuando se trata de piedras preciosas, los zafiros están entre las favoritas. Conocidos por su impresionante belleza y durabilidad, los zafiros son populares para anillos de compromiso, regalos de aniversario y otras ocasiones especiales. Pero, ¿qué son exactamente los zafiros y qué los hace tan especiales? En esta sección analizaremos los zafiros, sus características y cómo identificarlos correctamente.

Características

Los zafiros son un tipo de mineral de corindón cuya dureza sólo es superada por la de los diamantes. Existen en varios colores, pero el más conocido es el azul. Los zafiros suelen ser sinónimo de azul, pero pueden tener otros colores como rosa, amarillo, naranja, verde e incluso blanco. El color del zafiro se debe a diferentes impurezas o a la presencia de minerales específicos, como el hierro o el titanio.

Identificación de los zafiros

Algo que hace únicos a los zafiros es su capacidad para cambiar de color en función de las condiciones de iluminación. Un zafiro que parece azul con luz natural puede parecer púrpura o violeta con luz incandescente. Este fenómeno se denomina pleocroísmo, y es una característica que sólo presentan ciertas piedras preciosas, como los zafiros. Otra forma de identificar un zafiro es por su brillo, que es la forma en que refleja la luz. Los zafiros tienen un lustre brillante o vítreo, lo que significa que brillan intensamente bajo la luz. Sin embargo, esto no es exclusivo de los zafiros, ya que muchos otros minerales tienen un brillo similar.

La forma más eficaz de distinguir un zafiro es su claridad y su talla. Los zafiros de alta calidad tienen una claridad excelente, sin inclusiones ni imperfecciones que puedan afectar a su destello y brillo. La talla del zafiro también puede afectar a su belleza general, ya que puede realzar o disminuir el color y el brillo de la piedra. El peso en quilates de un zafiro no determina necesariamente su valor, ya que otros factores como el color, la claridad y la talla desempeñan un papel esencial en la determinación de su valor. Sin embargo, los zafiros de más de cuatro quilates son raros y pueden alcanzar un precio elevado.

Los zafiros son intemporales y siguen siendo una de las piedras preciosas favoritas de los aficionados. Sus características únicas, incluidos sus impresionantes colores, pleocroísmo, brillo, claridad y talla, los convierten en una elección popular para la fabricación de joyas. Tanto si busca un anillo de compromiso como un regalo especial, los zafiros son siempre una excelente opción. Recuerde, al comprar un zafiro, compruebe siempre su color, claridad, talla y brillo para asegurarse de que está obteniendo el máximo valor por su dinero.

Extracción, corte y pulido

Las piedras preciosas son fascinantes y ocupan un lugar especial en el corazón de todos. Llevamos siglos utilizando estas impresionantes gemas en joyería, decoración e incluso con fines medicinales. Pero, ¿se ha preguntado alguna vez cómo se obtienen, tallan y pulen estas gemas para hacerlas tan deslumbrantes?

Extracción

Las piedras preciosas se encuentran en diversos lugares del mundo. Pueden excavarse en la tierra, extraerse de yacimientos submarinos e incluso encontrarse en meteoritos.

Existen cuatro métodos de extracción de piedras preciosas:

Minería aluvial.

Explotación a cielo abierto.

Extracción del fondo marino.

Minería subterránea.

La minería a cielo abierto se utiliza para acceder a depósitos poco profundos de piedras preciosas que pueden extraerse fácilmente. La minería de aluvión consiste en extraer piedras semipreciosas de los sedimentos depositados en el lecho de los ríos. La minería subterránea consiste en extraer gemas de las profundidades de la Tierra. Por último, la minería de los fondos marinos se utiliza para extraer gemas de los sedimentos oceánicos.

Corte

Una vez extraídas las piedras preciosas, se envían a un taller de tallado. Allí, artesanos expertos utilizan diversas herramientas para dar a las gemas la forma y el tamaño deseados. Las herramientas más comunes para cortar piedras preciosas son las sierras, las muelas y los discos de pulir. Se necesitan años de formación y experiencia para convertirse en un experto tallador de piedras preciosas.

Pulido

Una vez cortadas las gemas, se entregan a los pulidores. El objetivo del pulido es dar a las gemas un acabado de espejo. Los pulidores utilizan una serie de materiales abrasivos, como polvo de diamante, para eliminar los arañazos y crear una superficie lisa en la piedra preciosa. Por último, se utiliza la rueda de pulido para dar a la gema el acabado final de espejo.

La importancia de un abastecimiento ético

Ante la creciente preocupación por las prácticas mineras poco éticas, debemos asegurarnos de que las piedras preciosas que compramos proceden de fuentes éticas. El Sistema de Certificación del Proceso de Kimberley (KPCS) es un sistema de certificación internacional que garantiza que los diamantes en bruto se extraen, tallan y exportan de forma ética. Además, muchas empresas de piedras preciosas se han unido para crear iniciativas de abastecimiento responsable que aborden cuestiones medioambientales y sociales.

Extraer, tallar y pulir piedras preciosas es un proceso arduo, pero que produce gemas hermosas e intemporales. Se necesita un equipo experimentado de mineros, cortadores y pulidores para crear la gema perfecta. Conocer el abastecimiento ético es crucial para garantizar que las piedras preciosas que compramos están libres de conflictos. El mundo de las piedras preciosas es fascinante, y comprender el proceso de extracción, corte y pulido nos hace apreciar aún más estas bellas gemas.

Las piedras preciosas son una fascinante creación de la naturaleza que ha sido admirada y atesorada a lo largo de la historia. Su belleza, rareza y significado cultural las convierten en posesiones valiosas y preciadas. Desde las piedras de nacimiento hasta los anillos de compromiso, las piedras preciosas ocupan un lugar especial en nuestros corazones y se han convertido en parte integrante de la industria joyera. Sin embargo, su valor va más allá de lo monetario, ya que nos recuerdan nuestras emociones, creencias y aspiraciones. Por eso, la próxima vez que admire una piedra preciosa brillante, recuerde que no es sólo una pieza de joyería, sino un símbolo de elegancia, lujo e individualidad.

Capítulo 9: Gemas semipreciosas

Las gemas semipreciosas son algunos de los objetos más raros y bellos de la Tierra, y suelen encontrarse en preciosos azules, rosas, morados y otros tonos. Las piedras semipreciosas ofrecen una intrigante visión del mundo de la geología, ya que cada piedra es única en su composición y forma. Las piedras semipreciosas no sólo son piezas llamativas para joyería, sino que también aportan un maravilloso elemento de lujo y clase a cualquier espacio. Utilizadas como parte de la decoración del hogar, estas piedras pueden añadir un aire de sutil sofisticación realmente especial.

Este capítulo tratará sobre los distintos tipos de piedras semipreciosas. Analizaremos las distintas familias de piedras preciosas, desde el cuarzo hasta la turquesa, y explicaremos sus características, estructura e identificación. Se incluirán imágenes de las distintas piedras de cada familia para que pueda ver de cerca su belleza. Al final de este capítulo, comprenderá mejor las diferentes piedras semipreciosas y será capaz de distinguirlas entre sí.

Descripción de las gemas semipreciosas

Hay algo en las piedras preciosas que siempre nos ha fascinado. Pocas cosas se acercan al encanto de estas gemas naturales brillantes e iridiscentes que nunca parecen perder su encanto. Entre estas joyas se encuentran las piedras semipreciosas, a menudo infravaloradas, pero no por ello menos bellas. Aunque no tengan el precio de las piedras preciosas, son espléndidas.

¿Qué son las piedras semipreciosas?

Las piedras semipreciosas son piedras preciosas naturales que no entran en la categoría de "preciosas", que comprende diamantes, esmeraldas, rubíes y zafiros. Estas piedras también se llaman coloquialmente "piedras preciosas" o "gemas semipreciosas". Sin embargo, pueden ser tan hermosas, brillantes y valiosas como sus homólogas preciosas. El mercado de las piedras semipreciosas es amplio y variado, por lo que hay una gran variedad de piedras para elegir de todos los precios.

Tipos de piedras semipreciosas

A diferencia de las piedras preciosas, limitadas a unos pocos elegidos, las semipreciosas ofrecen una amplia gama de colores y variedades. La mayoría de las piedras semipreciosas proceden de depósitos minerales de la corteza terrestre, mientras que otras son orgánicas o artificiales. La variedad de piedras semipreciosas es asombrosa, desde aguamarina, amatista, topacio y jade hasta turmalina, citrino, granate y muchas más.

Simbolismo y significado de las piedras semipreciosas

A lo largo de la historia, las piedras semipreciosas han adquirido significados y propiedades simbólicas y místicas asociadas a ellas. Estos significados suelen basarse en creencias espirituales, culturales y personales. Por ejemplo, el granate simboliza la paz y la prosperidad, mientras que se cree que la amatista ofrece protección contra las influencias negativas. Otras piedras tienen un simbolismo más específico, como el cuarzo rosa, que representa el amor, y la piedra lunar, que se cree que trae buena suerte.

¿Cómo cuidar las gemas semipreciosas?

Al igual que ocurre con las piedras preciosas, el cuidado de las gemas semipreciosas es importante para preservar su belleza durante años. Mientras que algunas de estas piedras son resistentes y pueden soportar el uso diario, otras son más delicadas y requieren un cuidado adecuado. Aquí tiene algunos consejos para cuidar bien sus piedras semipreciosas:

Manipule las piedras preciosas con un paño limpio o guantes para evitar que el aceite de sus dedos se adhiera a su superficie.

Guárdelas por separado en sus bolsitas o cajas forradas para evitar que se rayen o dañen con otras joyas.

Evite exponerlas al calor intenso o a la luz solar.

Evite someterlas a productos químicos o de limpieza agresivos.

Las gemas semipreciosas son un mundo vibrante y fascinante en sí mismas. Son portadoras de una plétora de simbolismo y están disponibles en tantas variedades que es imposible elegir sólo una favorita. Así que, tanto si es un coleccionista experimentado como un novato a la caza de su primera pieza de joyería con gemas, tenga en cuenta las muchas posibilidades que ofrecen las piedras semipreciosas. En pocas palabras, el esplendor de estas gemas es suyo para explorar y disfrutar.

Gemas de la familia del berilo

Si le gustan las piedras preciosas, es posible que ya haya oído hablar de la hermosa y exótica familia de los berilos. De colores amarillo, verde, azul, rosa y blanco, estas gemas son famosas por sus propiedades y características únicas. Si quiere saber más sobre las gemas de la familia del berilo, sus características, estructura y cómo identificarlas, siga leyendo para explorar información fascinante sobre ellas y por qué son piezas de joyería ideales.

Características

El berilo es una familia mineral formada por diversas variedades de piedras preciosas. Aunque la piedra preciosa de berilo más famosa es la esmeralda, también se sabe que otras piedras preciosas, como la aguamarina, la morganita, el heliodoro y la goshenita, pertenecen a la familia del berilo. Las propiedades físicas y químicas de las gemas de berilo varían, y propiedades como la dureza, el color, la claridad y la transparencia dependen de la variedad de berilo. Por ejemplo, mientras que la esmeralda pertenece a la familia del berilo y suele presentar un color verde causado por la presencia de cromo o vanadio, las gemas de berilo como el aguamarina tienen un marcado color azul.

Estructura

En términos de estructura, las gemas de la familia del berilo son cristales hexagonales compuestos principalmente de silicato de berilio y aluminio. Se caracterizan por su alto índice de refracción de más de uno y medio y su capacidad para dividir la luz en dos cuando entra en el cristal. Estas propiedades confieren a las gemas de la familia del berilo un aspecto chispeante y brillante, lo que las convierte en la opción ideal para los diseñadores que buscan piezas de joyería radiantes y vivas.

Además, las gemas de berilo son conocidas por su excelente dureza y resistencia a los arañazos, lo que las hace perfectas para el uso diario en joyería.

Identificación

La identificación de las gemas de la familia del berilo suele realizarse mediante un proceso estándar de pruebas gemológicas. Normalmente, se utilizan la dureza y las propiedades químicas y físicas de las gemas para identificarlas con precisión. Las gemas de berilo suelen tener una dureza de siete y medio a ocho, lo que significa que son difíciles de rayar. Dependiendo de la variedad, las gemas de la familia del berilo también pueden identificarse por su color característico, que varía del verde intenso al amarillo claro o rosa. Además, las gemas de berilo tienen una estructura cristalina distintiva que las diferencia de otros minerales.

Usos

Cuando se trata de joyería, las gemas de la familia del berilo ofrecen una excelente opción para crear piezas únicas que son a la vez bellas y duraderas. Desde anillos, collares y pulseras, las gemas de berilo vienen en diferentes colores y tonos que pueden complementar cualquier atuendo o tono de piel. Tanto si prefiere una esmeralda de talla clásica como una morganita de talla cojín contemporánea, las gemas de la familia del berilo son perfectas para crear joyas que cuenten una historia y sean toda una declaración de intenciones.

Gemas de la familia del corindón

Como aficionado a las piedras preciosas, es posible que haya encontrado el término "familia del corindón". Pero, ¿sabe lo que significa, sus características y cómo identificar los distintos tipos? Las gemas de la familia del corindón son un grupo de minerales que pertenecen a la familia de los óxidos, y su característica distintiva es su gran dureza. La dureza del corindón oscila entre 9 y 10 en la escala de Mohs; el único mineral más duro que el corindón es el diamante. Algunas de las piedras preciosas más famosas de la familia del corindón son los zafiros y los rubíes, muy codiciados por sus impresionantes colores, durabilidad y rareza.

Estructura

La estructura del corindón es hexagonal, y su patrón cristalino suele ser plano y tabular. El color del corindón suele oscilar entre transparente y opaco; en algunos casos, puede contener pequeñas inclusiones o imperfecciones superficiales. El color del corindón viene determinado principalmente por pequeñas cantidades de impurezas en la red cristalina. Por ejemplo, el corindón rojo, la variedad más valiosa del corindón, se debe a la presencia de cromo.

Identificación

Identificar las gemas de la familia del corindón puede ser un poco complicado, sobre todo cuando no están facetadas. Se pueden utilizar varios factores para identificar el corindón, como su dureza, densidad y color. Uno de los métodos más sencillos para identificar el corindón es utilizar un refractómetro que mide el índice de refracción de la luz cuando atraviesa la gema. Debido a su estructura cristalina única, cada gema tiene su propio índice de refracción, que puede utilizarse para identificar su tipo.

Otra característica fundamental de las gemas de la familia del corindón es su pleocroísmo, es decir, que presentan diferentes colores cuando se miran desde distintos ángulos. Este rasgo es especialmente notable en los zafiros, que pueden parecer azules desde un ángulo, pero morados desde otro. Los rubíes también presentan un fenómeno similar, pero tienden a mostrar tonalidades rojas a rojo rosado desde la mayoría de los ángulos.

Gemas de la familia de la turmalina

La turmalina es una piedra preciosa fascinante que se presenta en toda una gama de colores y es conocida por sus propiedades únicas. Su estructura cristalina la convierte en una especie mineral compleja que se ha popularizado en joyería. Pero, con tantos colores y variedades, puede resultar difícil diferenciarlos.

Características

La familia de la turmalina comprende 12 especies minerales diferentes que van del negro al rosa, verde, azul, amarillo e incluso bicolor o tricolor. Debido al pleocroísmo de la turmalina, el color puede variar en función del ángulo de visión. Una de las variedades más apreciadas es la turmalina Paraíba, descubierta en Brasil en la década de 1980 y de un color azul verdoso único y vivo. La turmalina también es conocida por mostrar propiedades eléctricas, creando piroelectricidad y piezoelectricidad. Esta característica única significa que cuando se frota una turmalina, se carga eléctricamente y puede atraer el polvo o incluso pequeños trozos de papel.

Estructura

La estructura cristalina de la turmalina es bastante interesante, ya que está clasificada como un mineral ciclosilicato. Esto significa que la estructura cristalina está compuesta por anillos de tetraedros de $SiO4$. Cada cristal de turmalina es un prisma largo, delgado y de tres caras, con surcos y protuberancias a lo largo de los lados. Las inclusiones minerales y la presencia de otros elementos químicos pueden alterar la forma de estos prismas, lo que da como resultado una apariencia única para cada turmalina.

Identificación

Cuando se trata de identificar la turmalina, puede ser todo un reto, ya que cada especie puede tener características físicas y químicas diferentes. Una de las herramientas más útiles para identificar la turmalina son sus características de color intenso, que pueden revelar la presencia de elementos específicos. Además, el uso de un polariscopio puede ayudar a distinguir entre diferentes tipos de turmalina, ya que algunas pueden mostrar birrefringencia o incluso zonación del color.

Otro aspecto destacable de la turmalina es su uso en medicina alternativa. Se cree que esta gema posee diversas propiedades curativas, como claridad mental, alivio de la ansiedad y equilibrio energético. Se cree que ayuda a liberar iones negativos y a absorber la radiación electromagnética de los dispositivos electrónicos. Muchas personas llevan joyas de turmalina durante la meditación o colocan turmalina bajo la almohada para favorecer un sueño tranquilo.

Gemas de la familia de la espinela

Estas gemas a menudo se pasan por alto, pero encierran una belleza inigualable, igual a la de cualquier otra familia de gemas, y están esperando a ser descubiertas.

Características

Las gemas de la familia de la espinela tienen una base mineral y pertenecen a un grupo de gemas formadas por varios elementos. Estas gemas se pueden encontrar en muchos colores, como azul, verde, rosa y amarillo. Las gemas espinela son conocidas por su durabilidad y dureza, que oscila entre siete y medio y ocho en la escala de Mohs. La familia de las espinelas está formada por aluminato de magnesio, un mineral que forma cristales cúbicos.

Estructura

Las gemas de la familia de la espinela presentan estructuras únicas que las diferencian de otras gemas. La estructura cristalina de las gemas espinela consiste en una serie de octetos octaédricos, lo que significa que hay ocho iones en cada octaedro. Esta estructura hace que las gemas sean más densas y robustas que muchos otros tipos. Las gemas de la familia de la espinela también contienen grandes cantidades de cromo, que contribuye a la coloración de las gemas.

Identificación

Ahora que conocemos la estructura de la familia de las espinelas y lo que las compone, veamos cómo identificarlas. Puede ser difícil identificar las gemas espinela, ya que a menudo se confunden con otras gemas, como el rubí o el zafiro. Sin embargo, algunas características únicas distinguen a la espinela de otras piedras preciosas. Una de ellas es su refracción única, que las diferencia de las gemas con refracción doble. Las gemas espinela también registran cristales de espinela maclados o interpenetrados, una característica que les es propia.

Además de sus características únicas, las gemas de la familia de las espinelas tienen una historia fascinante. Estas gemas deben su nombre a la palabra latina *spina*, que significa "espina". En la antigüedad, se creía que las gemas espinela tenían propiedades como curar enfermedades y proteger de daños a su portador. Estas gemas también han desempeñado un papel importante en muchas piezas de joyería de la realeza a lo largo de la historia, como la gema central de las joyas de la corona británica.

Otras gemas semipreciosas

El mundo está lleno de bellas piedras preciosas que nunca dejan de sorprendernos por su exquisita belleza y sus características únicas. Entre las más bellas y enigmáticas se encuentran el granate, el ópalo, la turquesa y el peridoto. Estas piedras preciosas tienen una rica historia y su popularidad en joyería sigue en constante aumento. A continuación, le ofrecemos más detalles sobre cada una de estas gemas preciosas.

Gemas de la familia del granate

El granate existe en una variedad de colores, incluyendo rojo, verde y amarillo. Esta piedra preciosa es un mineral de silicato con seis variantes: grossular, espesartina, andradita, uvarovita, piropo y almandino. Estas variantes confieren a los granates distintas composiciones químicas y, por tanto, distintas tonalidades. Los granates se identifican fácilmente por su estructura cristalina y suelen encontrarse en las rocas metamórficas de la corteza terrestre. Además, no se raya con facilidad, lo que lo convierte en una elección perfecta para joyería.

Gemas de la familia del ópalo

Los ópalos se presentan en distintos colores, del blanco al negro. La mayoría de los ópalos presentan un juego de colores similar al del arco iris, lo que los hace muy codiciados en el mundo de la joyería. Estas gemas se forman a partir de gel de sílice que se filtra en las grietas y hendiduras de las rocas, endureciéndose con el tiempo. Los ópalos no son piedras preciosas duraderas porque contienen mucha agua, lo que las hace más propensas a agrietarse y astillarse. Para identificar un ópalo, fíjese en su singular juego de colores y su brillo nacarado.

Gemas de la familia de la turquesa

La turquesa es una gema azul verdosa muy apreciada por su color azul medio. Es una gema relativamente blanda, justo por debajo del cuarzo en la escala de dureza de Mohs. La turquesa se da en regiones áridas y suele estar asociada a yacimientos de cobre. La piedra preciosa tiene una estructura granular y es fácilmente identificable por su brillo ceroso.

Gemas de la familia del Peridoto

El peridoto es una piedra preciosa de color verde amarillento. Es un mineral que se encuentra en rocas ultramáficas como la peridotita y los meteoritos. El peridoto es relativamente duro, de seis y medio a siete en la escala de dureza de Mohs. Se identifica fácilmente por su alto índice de refracción y su doble refracción.

Las gemas granate, ópalo, turquesa y peridoto son una representación de la belleza y la diversidad de la Tierra. Cada piedra preciosa tiene características únicas que la hacen destacar en el mundo de la joyería. Mientras que los granates son conocidos por sus ricos colores y su exquisita belleza, los ópalos son adorados por su singular juego de colores. Las turquesas son apreciadas por su singular color azul verdoso, y los peridotos por su color amarillo verdoso. Tanto si es usted un amante de las piedras preciosas como si acaba de iniciarse en su coleccionismo, estas gemas no pueden faltar en su lista.

Las gemas semipreciosas son algunas de las más buscadas en el mundo de la joyería. Cada gema tiene unas características únicas que las distinguen unas de otras y las hacen aún más especiales. Tanto si busca una joya con un toque de color como algo clásico y atemporal, estas piedras preciosas serán sin duda el complemento perfecto para su colección. Con su belleza, durabilidad y características únicas, estas piedras preciosas le aportarán un destello de alegría a usted y a sus seres queridos. ¡No dude en añadir hoy mismo estas preciosas gemas semipreciosas a su colección!

Capítulo 10: Meteoritos y tectitas

Los meteoritos y las tectitas son dos características espaciales asombrosas que fascinan al mundo moderno. Los meteoritos están compuestos por trozos de roca o metal que viajaron desde el espacio y aterrizaron en la superficie de la Tierra. Por el contrario, las tectitas son generalmente rocas y guijarros redondeados que se crearon cuando los meteoritos impactaron contra la superficie de la Tierra y derritieron parte de la corteza del planeta. Los elementos individuales que se encuentran en estos dos tipos de sucesos cósmicos permiten a los científicos comprender mejor cómo funciona nuestro universo.

Comprender más sobre los meteoritos y las tectitas abre una ventana única a un mundo invisible y es realmente una perspectiva emocionante para quienes buscan más conocimientos sobre nuestro tiempo en el cosmos. Este capítulo se centrará en la definición de meteoritos y tectitas, los distintos tipos de cada uno y las formas de identificarlos. También se discutirán ejemplos de especímenes conocidos de meteoritos y tectitas. Al final de este capítulo, estará más familiarizado con el fascinante mundo de los meteoritos y las tectitas.

Definición de meteoritos y tectitas

Los meteoritos y las tectitas son dos componentes de la *meteorítica*, el estudio de los objetos que se originan en el espacio. Los meteoritos son pedazos de material sólido que han caído a la Tierra desde el espacio exterior y generalmente se forman cuando un asteroide o un cometa ingresa a la atmósfera.

Las tectitas son objetos vítreos que se encuentran en la Tierra y que, se especula, han resultado del impacto entre la Tierra y objetos extraterrestres. Si bien los meteoritos vienen en varios tamaños y formas, desde pequeñas piedras hasta grandes trozos de roca, las tectitas son generalmente de color verdoso oscuro o marrón con una apariencia brillante. Tanto los meteoritos como las tectitas son valiosas fuentes de conocimiento. Estudiarlos puede darnos una idea del origen de nuestro sistema solar y ayudar a los científicos a comprender el impacto de las colisiones entre asteroides en el espacio.

Tipos de meteoritos

Los meteoritos se han registrado desde la antigüedad. Estos trozos sólidos de escombros del espacio exterior han viajado a través de la vasta extensión de nuestro universo antes de terminar finalmente en nuestro planeta. El estudio de los meteoritos nos ha aportado información valiosa sobre la formación y evolución de nuestro sistema solar.

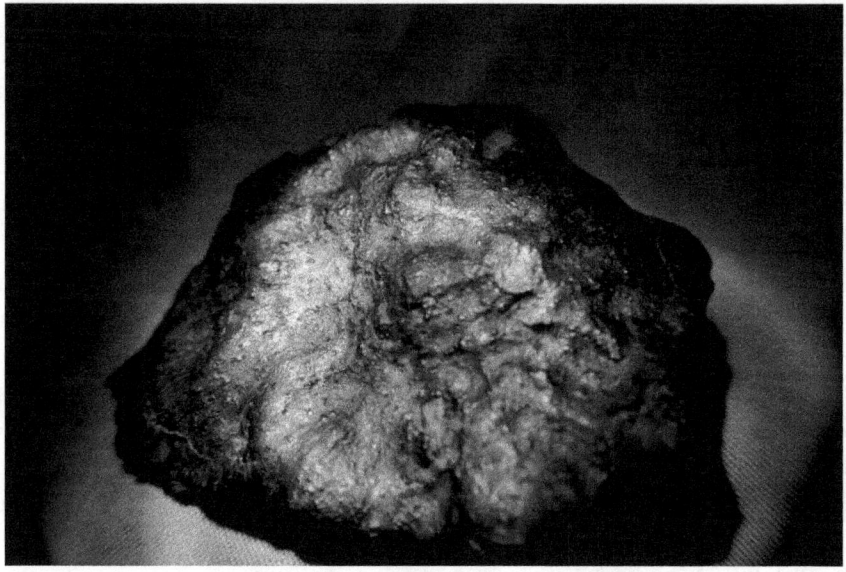

Meteorito
Doug Bowman from DeKalb IL, USA, CC BY 2.0
<https://creativecommons.org/licenses/by/2.0>, via Wikimedia Commons
https://commons.wikimedia.org/wiki/File:Oriented_Meteorite.jpg

A. Meteoritos de hierro

Los meteoritos de hierro son los más fáciles de reconocer entre los tres tipos. Están compuestos por más del 90% de una aleación de hierro y níquel y tienen una apariencia metálica distintiva. Se cree que se formaron en el núcleo de un planetesimal, un pequeño protoplaneta formado a partir de polvo y gas en las primeras etapas del sistema solar. Los meteoritos de hierro son ricos en minerales como la kamacita y la taenita, que son responsables de los patrones de Widmanstätten que se pueden observar al cortar un meteorito de hierro pulido. Estos patrones son exclusivos de los meteoritos de hierro y pueden usarse para determinar su origen.

B. Meteoritos de hierro y piedra

Los meteoritos de hierro pedregoso, también conocidos como palasitas, son una combinación de minerales de hierro y silicatos. Se cree que se formaron en el límite entre el núcleo y el manto de un planetesimal. Los minerales de silicato en los meteoritos pétreos de hierro suelen ser olivino y piroxeno y se encuentran en la matriz metálica, lo que les da a los meteoritos su apariencia única. Las palasitas son uno de los tipos más raros de meteoritos y representan menos del uno por ciento de todos los meteoritos conocidos.

C. Meteoritos pedregosos

Los meteoritos pedregosos son los más abundantes de los tres tipos y representan más del 90% de todos los meteoritos jamás encontrados. Están compuestos por minerales de silicato como el olivino y el piroxeno, similares a los que se encuentran en el manto terrestre. Los meteoritos pedregosos se pueden clasificar en dos grupos: condritas y acondritas. Las condritas son los meteoritos más primitivos y se cree que son restos de las primeras etapas del sistema solar. Por otro lado, las acondritas han sufrido cierto grado de diferenciación, lo que significa que han experimentado algún tipo de procesamiento geológico.

Tipos de tectitas

Las tectitas son únicas, hermosas y visualmente impresionantes. Pero, ¿alguna vez se ha preguntado sobre su origen o tipos? Las tectitas se forman cuando un meteorito golpea la superficie de la Tierra y el impacto provoca una onda de presión que derrite las rocas circundantes. Este material fundido luego se enfría y solidifica en una estructura vítrea comúnmente conocida como tectita.

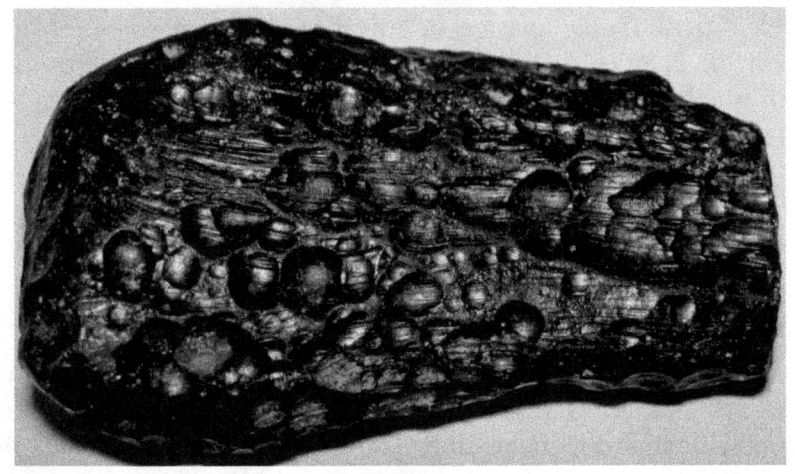

Tectita

James St. John, CC BY 2.0 <https://creativecommons.org/licenses/by/2.0>, via Wikimedia Commons https://commons.wikimedia.org/wiki/File:Indochinite_tektite_(Pleistocene_783-803_ka;_Australasian_Tektite_Strewn_Field,_southeastern_Asia)_6.jpg

1. Microtectitas

Este tipo de tectita es increíblemente pequeña y normalmente mide menos de un milímetro de ancho. Las microtectitas se crean cuando se produce el impacto de un meteorito y envía pequeños fragmentos de vidrio a la atmósfera. Las microtectitas no se originan por el derretimiento de rocas u otros materiales en la superficie de la Tierra. Este tipo de tectita puede flotar en la atmósfera durante mucho tiempo, creando un fenómeno llamado lluvia de tectita. También nos recuerdan los acontecimientos catastróficos que han ocurrido en la historia de nuestro planeta.

2. Tectitas tipo Muong-Nong

Este tipo de tectita se descubrió por primera vez en Vietnam en 1938. Se encuentra principalmente en Indochina, Camboya y Laos. Las tectitas de tipo Muong-Nong son de color marrón oscuro o negro y tienen forma de gotas irregulares. Son aproximadamente diez veces más pesadas que un meteorito típico y comprenden varios elementos como aluminio, silicio, magnesio y más. Los científicos creen que las tectitas de tipo Muong-Nong podrían ser una de las formas de tectitas más antiguas que existen en nuestro planeta.

3. Tectitas en forma de salpicadura

Estas tectitas son la forma más abundante en todo el planeta. Las tectitas en forma de salpicadura se forman cuando un meteorito golpea la Tierra con tal fuerza que se crea vidrio fundido a partir del derretimiento de las rocas del suelo. El tipo de tectita en forma de salpicadura que se encuentra en todo el mundo se basa en la ubicación del impacto del meteorito. Por ejemplo, las tectitas de Costa de Marfil se encuentran en África occidental, mientras que las tectitas de América del Norte se pueden encontrar alrededor de la región de los Grandes Lagos.

4. Australitas

Las tectitas australitas son únicas porque se formaron por múltiples impactos de meteoritos que impactaron en varios lugares del sur de Asia y alrededor de Australia. Las tectitas australitas tienen una forma elegante y aerodinámica que es bastante diferente de los otros tipos de tectitas. Por lo general, son de color verde oscuro, negro o marrón y se encuentran esparcidos en campos de Australia y Laos.

Especímenes famosos de meteoritos y tectitas

El cielo nocturno siempre ha fascinado a los humanos, y siempre nos han cautivado las cosas asombrosas que caen de él. Uno de ellos son los meteoritos, que son trozos de asteroides o cometas que llegan a la superficie de la Tierra. Las tectitas, por otro lado, se forman a partir de eventos de impacto en la Tierra, lo que da como resultado rocas vítreas que son increíblemente raras y valiosas. Éstos son algunos de los meteoritos y tectitas más famosos que conocemos:

Meteorito Allende: El meteorito Allende es la condrita carbonosa más grande jamás encontrada y pesa más de dos toneladas. Fue descubierto por primera vez en 1969 en el desierto de Chihuahua, en el norte de México. Este meteorito es fascinante porque contiene granos presolares, que son granos de polvo de estrellas anteriores a nuestro Sistema Solar. Estos granos dan una idea de las condiciones del universo antes de la formación de nuestro propio Sistema Solar.

Meteorito Fukang: El meteorito Fukang fue descubierto en el año 2000 en el desierto de Gobi en China. Es un tipo de meteorito palasita, lo que significa que está formado por materiales de hierro-níquel y silicatos. Este meteorito es único porque contiene algunos de los cristales de olivino más grandes jamás encontrados, algunos de hasta 10 centímetros de diámetro. También es uno de los meteoritos más impresionantes visualmente, con una hermosa coloración verde y amarilla.

Meteorito Esquel: El meteorito Esquel fue descubierto en 1951 en Argentina y es uno de los pocos meteoritos compuestos íntegramente de metal níquel-hierro. También es un ejemplo fantástico del patrón Widmanstätten de un meteorito, que es una estructura cristalina única que se forma debido al enfriamiento lento de una aleación de hierro y níquel. El patrón es un recordatorio visualmente impresionante del viaje del meteorito a través del espacio.

Moldavita Tectita: La Moldavita es una roca verde vidriosa que se cree que se formó hace unos 15 millones de años cuando un meteorito chocó contra la Tierra. Se encuentra principalmente en la República Checa y es una de las tectitas más valiosas del mundo. Lo que hace que la Moldavita sea tan fascinante es su composición única, que contiene elementos raros que no se encuentran en la Tierra. También se cree que tiene propiedades místicas y es valorada por coleccionistas y espiritistas.

Tectita de vidrio libia: La tectita de vidrio libia es un tipo de tectita que se formó hace unos 26 millones de años cuando un meteorito golpeó la Tierra en lo que hoy es Egipto occidental. Es un espécimen raro y valioso debido a su composición única y al hecho de que se cree que contiene evidencia de agua en la luna. También se ha descubierto que contiene altos niveles de helio tres, un isótopo raro que es muy valioso para la investigación científica.

Tectita de vidrio de Darwin: La tectita de vidrio de Darwin es un tipo de tectita que se encuentra en Tasmania, Australia. Lleva el nombre de Charles Darwin, quien descubrió por primera vez la roca vidriosa en 1838 durante su viaje en el HMS Beagle. Esta tectita es fascinante porque se cree que se formó a partir del impacto de un meteorito hace más de 800.000 años. También es una de las tectitas visualmente más impresionantes, con un color verde intenso y patrones de burbujas naturales que la hacen muy buscada por los coleccionistas.

Formas de identificar y probar un meteorito

1. **Forma:** Una de las formas más sencillas de identificar un meteorito es por su forma. Los meteoritos suelen tener una forma muy irregular y, a menudo, tienen una superficie picada o ranurada. Si encuentra una roca que tiene una forma suave y redondeada, probablemente no sea un meteorito.
2. **Color:** Otra forma de identificar un meteorito es por su color. Los meteoritos suelen tener un color más oscuro que otras rocas

debido a su alto contenido de hierro. Si encuentra una roca de color muy claro, probablemente no sea un meteorito.
3. **Peso:** Los meteoritos también son mucho más pesados que otras rocas debido a su alta densidad. Si encuentra una roca que pesa muy poco, probablemente no sea un meteorito.
4. **Magnetismo:** Una forma de comprobar si una roca es un meteorito es mediante el uso de un imán. Los meteoritos son atraídos por los imanes debido a su alto contenido en hierro. Si la roca que está probando no es atraída por un imán, probablemente no sea un meteorito.
5. **Prueba de ácido:** Otra forma de comprobar si una roca es un meteorito es utilizando ácido. Los meteoritos contienen altos niveles de hierro, que reaccionarán con el ácido. Si la roca que está probando no reacciona con el ácido, probablemente no sea un meteorito.

Los meteoritos y las tectitas son restos fascinantes del pasado de nuestro sistema solar. Estas rocas son valiosas no sólo por su valor científico, sino también por su belleza estética. Los meteoritos proporcionan información sobre la formación de nuestros planetas y las tectitas proporcionan pistas sobre impactos antiguos en la Tierra. Al estudiar los meteoritos y las tectitas, podemos aprender más sobre la historia de nuestro sistema solar y comprender mejor las asombrosas fuerzas que le dieron forma. Desde el visualmente impresionante patrón de Widmanstätten hasta las propiedades místicas de la Moldavita, estas rocas ofrecen una ventana al pasado de nuestro universo.

Apéndice: A-Z de rocas, cristales, gemas y minerales

Ahora que se ha familiarizado con los conceptos básicos de rocas, cristales, gemas y minerales, profundicemos un poco más. A continuación, se muestra una lista alfabética de varios tipos con detalles de referencia rápida:

Ámbar: resina de árbol fosilizada que a menudo se encuentra en forma de piedra preciosa. Puede tener entre 30 y 90 millones de años.

Ágata: variedad de calcedonia con varios patrones y colores, a menudo formada en cavidades de otras rocas.

Amatista: un tipo de cuarzo, a menudo de color púrpura, que se utiliza para fabricar joyas y otros objetos decorativos.

Apatita: un mineral de fósforo que es el componente principal de los dientes y los huesos.

Azurita: un mineral de cobre cuyo color varía del azul intenso al verde.

Berilo: familia de minerales que incluye esmeraldas y aguamarina.

Calcedonia: una forma de cuarzo que se encuentra en una variedad de colores.

Diamante: un mineral duro y transparente que es la sustancia natural más dura conocida.

Fluorita: mineral compuesto de átomos de calcio y flúor con variedad de colores.

Granate: grupo de minerales que vienen en una variedad de colores y se utilizan en joyería.

Hematita: un mineral que suele ser negro o gris acero y se utiliza como pigmento en pintura.

Jade: piedra ornamental, generalmente verde, utilizada durante siglos para fabricar joyas y esculturas.

Cianita: un mineral azul o verde que se utiliza a menudo como piedra preciosa.

Labradorita: un mineral con una cualidad iridiscente, típicamente gris.

Lapislázuli: roca compuesta de varios minerales, como lazurita, pirita y calcita.

Malaquita: un mineral verde que a menudo se encuentra en las capas superiores de minerales que contienen cobre.

Ópalo: un tipo de mineraloide compuesto de sílice y moléculas de agua con una variedad de colores y cualidades iridiscentes.

Cuarzo: mineral compuesto de átomos de silicio y oxígeno con una variedad de formas y colores.

Zafiro: corindón en su forma más pura, típicamente azul, pero se puede encontrar en otros colores.

Ojo de tigre: una piedra preciosa irisada que se utiliza a menudo para joyería y ornamentación.

Topacio: un mineral que viene en muchos colores, incluidos el amarillo y el azul.

Turquesa: un mineral opaco de color verde azulado que se utiliza a menudo para joyería y ornamentación.

Circón: un mineral duro y duradero con una variedad de colores, como el amarillo y el rojo.

Esperamos que esta lista le haya proporcionado información de referencia útil sobre los distintos tipos de rocas, cristales, gemas y minerales disponibles. ¡Feliz coleccionismo!

Conclusión

Rocas, gemas y minerales son características geológicas intrincadas que han cautivado la imaginación de los humanos durante siglos. Nos maravillamos de su impresionante belleza, exquisita textura y compleja composición. Nos proporcionan una fuente inagotable de entretenimiento y al mismo tiempo nos educan informalmente sobre los procesos de creación y erosión. Hay algo especial en admirar un hermoso paisaje o una piedra preciosa. Todas estas maravillas geológicas revelan secretos de nuestro mundo natural a quienes tienen la curiosidad de encontrarlos.

La geología es una ciencia infinitamente fascinante con un mundo de maravillas naturales que nunca deja de sorprender. Ya sean las aparentemente infinitas variedades de rocas o las brillantes y deslumbrantes gemas y minerales, cada una es un espécimen único que requiere miles de años para formarse y crearse. Una sola roca puede contar multitud de historias sobre su recorrido. Cada cristal y gema tiene una belleza casi mágica. No sorprende que se les atribuyan poderes antiguos desde tiempos inmemoriales. Tomarse el tiempo para explorar la geología seguramente le brindará una experiencia educativa como ninguna otra.

Desde los conceptos básicos de por qué cada uno es importante hasta descubrir piedras preciosas y únicas de diferentes partes del mundo, no queda piedra sin remover. Realizamos un apasionante viaje a través de cada proceso geológico que nos lleva a descubrimientos de diferentes tipos de rocas, incluidas las ígneas, sedimentarias y metamórficas. Ya sea que se trate de investigación o simplemente de recopilar conocimientos por curiosidad, esta guía proporciona un camino completo para comprender más sobre las maravillas de nuestra Tierra con su valioso contenido.

Este libro es un tesoro de conocimientos que ofrece a los lectores una mirada en profundidad al fascinante mundo de los sistemas cristalinos y las formaciones de cuarzo. Con este recurso, hemos aprendido sobre las piedras preciosas y semipreciosas y hemos descubierto los misteriosos secretos enterrados que guardan las tectitas y los meteoritos. Por último, la útil guía A-Z al final de este libro facilita identificar qué rocas son minerales valiosos y cuáles no.

Explorar el mundo natural puede ser una excelente manera de encontrar rocas, gemas, cristales y minerales que pueden servir como tesoros especiales. Ya sea caminando por el bosque o hurgando en el mercado de agricultores local, nunca se sabe lo que puede encontrar. Las rocas y las piedras preciosas han sido apreciadas durante siglos como fuentes de belleza y poder. También se dice que los cristales tienen propiedades curativas y pueden servir como poderosos energizantes cuando se colocan en áreas específicas de su espacio vital. Por último, los minerales se pueden encontrar a menudo en elementos cotidianos inusualmente ricos en ciertos metales u otros elementos. ¡Diviértase explorando los reinos de cristal y descubra con qué descubrimientos mágicos puede tropezarse!

Vea más libros escritos por Mari Silva

Su regalo gratuito

¡Gracias por descargar este libro! Si desea aprender más acerca de varios temas de espiritualidad, entonces únase a la comunidad de Mari Silva y obtenga el MP3 de meditación guiada para despertar su tercer ojo. Este MP3 de meditación guiada está diseñado para abrir y fortalecer el tercer ojo para que pueda experimentar un estado superior de conciencia.

https://livetolearn.lpages.co/mari-silva-third-eye-meditation-mp3-spanish/

¡O escanee el código QR!

Referencias

(s.f.). Thekidshouldseethis.com. https://thekidshouldseethis.com/post/gems-minerals-crystals-and-rocks-whats-the-difference

Farndon, J. (2017). Rocas, minerales y gemas. Geográfico australiano.

Identificación de gemas y minerales. (s.f.) Minería de búsqueda del tesoro. https://treasurequestmining.com/treasure-identification/gems/

Identificando minerales. (s.f.). Google Arte y Cultura. https://artsandculture.google.com/story/QgXh9pyyxhIYKQ

King, HM (sin fecha). Piedras preciosas. Geología.com. https://geology.com/gemstones/

Lista de piedras preciosas: Piedras preciosas y semipreciosas - Sociedad de gemas. (2016, 8 de junio). Sociedad Internacional de Gemas; Sociedad Internacional de Gemas LLC. https://www.gemsociety.org/gemstone-encyclopedia/

Minerales y gemas. (2017, 15 de enero). National Geographic. https://www.nationalgeographic.com/science/article/minerals-gems

Somarin, A. (20 de marzo de 2014). ¿De dónde vinieron esas piedras preciosas? Avance de la Minería. https://www.thermofisher.com/blog/mining/where-did-those-gemstones-come-from/

Utilizar características de los minerales para identificarlos. (sin fecha.). Illinois.edu. https://isgs.illinois.edu/outreach/geology-resources/using-characteristics-minerals-identify-them

www.ingramcontent.com/pod-product-compliance
Lightning Source LLC
Chambersburg PA
CBHW051848160426
43209CB00006B/1216